博雅国际汉语精品教材

A New Textbook for Primary Chinese Reading II

新编 初级汉语 阅读教程 II

张世涛 刘若云 ◎编著

北京大学出版社
PEKING UNIVERSITY PRESS

图书在版编目(CIP)数据

新编初级汉语阅读教程. Ⅱ / 张世涛，刘若云编著. —北京：北京大学出版社，2018.9
 ISBN 978-7-301-29826-8

Ⅰ.①新… Ⅱ.①张… ②刘… Ⅲ.①汉语–阅读教学–对外汉语教学–教材 Ⅳ.①H195.4

中国版本图书馆CIP数据核字（2018）第193959号

书　　名	新编初级汉语阅读教程 Ⅱ XIN BIAN CHUJI HANYU YUEDU JIAOCHENG Ⅱ
著作责任者	张世涛　刘若云　编著
责任编辑	路冬月　唐娟华
标准书号	ISBN 978-7-301-29826-8
出版发行	北京大学出版社
地　　址	北京市海淀区成府路205号　100871
网　　址	http://www.pup.cn　新浪微博：@北京大学出版社
电子信箱	zpup@pup.cn
电　　话	邮购部 010-62752015　发行部 010-62750672　编辑部 010-62753374
印 刷 者	北京市科星印刷有限责任公司
经 销 者	新华书店
	787毫米×1092毫米　16开本　16.5印张　277千字 2018年9月第1版　2019年12月第2次印刷
定　　价	56.00元

未经许可，不得以任何方式复制或抄袭本书之部分或全部内容。
版权所有，侵权必究
举报电话：010-62752024　电子信箱：fd@pup.pku.edu.cn
图书如有印装质量问题，请与出版部联系，电话：010-62756370

编写说明

《新编初级汉语阅读教程》在课文难度、长度上都做了较大的改动，课文篇幅更短小，浅显易懂，练习也降低了难度，而且阅读课的特点更加明显。

1. 对课文的词汇、语法做了简单化处理，剔除难度较大的词语和语法。课文、说明、练习文字简单，难度低，最大限度体现"初级"的特点，非常适合初级学生学习。

2. 所有课文的篇幅更加简短，第一册每课所有文字的字数控制在2000字以内，大部分短文的字数在100—200字之间。第二册每课所有文字的字数控制在3000字以内，大部分短文在100—300字之间。

3. 第一册和第二册为一个整体，词语统一设置，第一册的生词在第二册中不再作为生词出现。

4. 每课都有补充阅读材料，供教师根据实际情况选择使用。每课还有图文并茂介绍中国常见的汉语标牌的照片及说明文字（带有小练习），帮助学生更好地将课堂和交际情景结合起来。

5. 第一册和第二册体例和内容安排有所不同。

第一册适合水平较低的学生学习，每篇阅读课文都有生词表，生词有英文注释。

第二册适合稍微有些汉语基础的学生学习，每课设一个主题课文（每课第一篇），然后附带3—4篇与主题相关的短文。除主题课文有生词表外，其余阅读小短文没有生词表。主题课文的生词有英文注释和汉语注释，生词尽量涵盖这一课所讨论的主题。

6. 第二册课文非常注重词语的复现和课文内容的前后呼应、关联。如第二课《找个好工作》，第十二课就是《自己找工作》；第三课是《上学读书》，第十三课就是《回到学校》……形成一个循环。

7. 第二册开始培养阅读技能，以更好地提升学生阅读中文材料的能力。如第十三课的技能"找出句子主要部分（3）"，技能说明中说：

有些句子很长，还举了很多例子，其实不知道例子中的部分内容也没有太大问题。比如：

动物园有很多动物，有蜥蜴、麋鹿、狐狸、鬣狗，还有蟒蛇、鹦鹉、鹈鹕等。

这句话最主要的部分是"动物园有很多动物"，后面的"蜥蜴、麋鹿、狐狸、鬣狗、蟒蛇、鹦鹉、鹈鹕"我们可能不知道具体是什么动物，但我们只要知道它们是一些动物也就可以了，在阅读的时候不必花太多时间搞清楚它们的意思。

8. 第一册和第二册均有参考答案、生词表，扫描二维码可听录音。

编者

扫码听录音

目 录

第一课　课文：朋友　　　　　　　　　　　　1
　　　　技能：词的划分

第二课　课文：找个好工作　　　　　　　　　12
　　　　技能：偏正式的词

第三课　课文：上学读书　　　　　　　　　　24
　　　　技能：联合式的词

第四课　课文：旅行　　　　　　　　　　　　36
　　　　技能：汉字声符

第五课　课文：来一个西红柿炒鸡蛋　　　　　49
　　　　技能：汉字义符

第六课　课文：保护环境　　　　　　　　　　62
　　　　技能：简称

第七课　课文：业余生活　　　　　　　　　　74
　　　　技能：词语互释（1）

第八课　课文：您好！王处长　　　　　　　　85
　　　　技能：词语互释（2）

第九课　课文：中医和西医　　　　　　　　　98
　　　　技能：根据上下文猜词（1）

第 十 课	课文：做买卖		110
	技能：根据上下文猜词（2）		
第十一课	课文：你的性格怎么样		122
	技能：找出句子的主要部分（1）		
第十二课	课文：自己找工作		135
	技能：找出句子的主要部分（2）		
第十三课	课文：回到学校		149
	技能：找出句子的主要部分（3）		
第十四课	课文：旅行要注意什么		162
	技能：关联词语		
第十五课	课文：南甜北咸东酸西辣		178
	技能：找出主要的词		
第十六课	课文：保护野生大象		190
	技能：汉语的格式		
第十七课	课文：快乐地生活		203
	技能：找结论		
第十八课	课文：人民政府		215
	技能：总结文章主要内容和主要观点		

参考答案　　228

生词总表　　254

第一课

课 文

朋 友

关键词：朋友　性格　爱好

　　了解自己的人就是朋友，所以汉语中"知己"的意思就是朋友。我们都希望跟诚实的人交朋友，跟这样的人在一起我们觉得快乐，觉得放心。我们一般还喜欢跟那些性格、爱好差不多的人交朋友，因为性格、爱好相同的人有很多的共同语言。当然，跟性格、爱好不同的人也可以成为好朋友，有人就喜欢跟自己不一样的人交朋友。

一般性格外向开朗、说话幽默、脾气好的人比较容易交到朋友，别人也愿意跟他们在一起，因为有他们的地方就有笑声；性格内向的人不太爱说话，但他们也可以成为最好的朋友，好朋友不一定是那些最能说话的人。

生　词

1.	诚实	（形）	chéngshí	honest 不说假话的
2.	性格	（名）	xìnggé	character; nature; disposition 对人、对事情表现出来的心理特点。如勇敢、胆小、仔细、随便等
3.	爱好	（名）	àihào	hobby 特别喜欢，常常做的事情
4.	外向	（形）	wàixiàng	extroversive 爱说话，心里怎么想就怎么说
5.	开朗	（形）	kāilǎng	sanguine 性格开放，乐观的
6.	幽默	（形）	yōumò	humorous 喜欢说笑话的
7.	脾气	（名）	píqi	temperament 跟"性格"意思差不多，更多是关于容易生气还是不容易生气方面
8.	内向	（形）	nèixiàng	introversive 不喜欢说话的

第一课　朋友

一　根据课文选择正确答案

1. 跟第一段中"知己"意思一样的词是：
   A. 知道　　　　　　B. 了解
   C. 朋友　　　　　　D. 一辈子

2. 跟第一段中"放心"意思接近的是：
   A. 担心　　　　　　B. 安心
   C. 开放　　　　　　D. 关心

3. 文章中多次出现的"交朋友"的意思是：
   A. 跟朋友交流　　　B. 帮助朋友
   C. 了解朋友　　　　D. 认识朋友

4. 跟第一段中"共同语言"中"语言"意思接近的词语是：
   A. 口语　　　　　　B. 外语
   C. 方言　　　　　　D. 兴趣

5. 第二段中"好朋友不一定是那些最能说话的人"的意思是：
   A. 最能说话的人不能变成好朋友
   B. 不爱说话的人也可以成为好朋友
   C. 不要跟那些能说话的人交朋友
   D. 不爱说话的人一定是好朋友

二　复述课文

技 能

词的划分

"中国人觉得真正了解自己的人就是朋友。"这句话中哪些是词呢?你能很清楚地把词跟词分开吗?这句话的词应该这样分:

中国 / 人 / 觉得 / 真正 / 了解 / 自己 / 的 / 人 / 就 / 是 / 朋友。

词跟词中间一般能停一下,它们都有确定的意思,可以独立运用,有很多可以单独地回答问题。比如:

问:这是什么?
答:笔。

问:他是谁?
答:朋友。

但是,也有些词不能单独回答问题,比如:的、就、所以、中、也。

词可以是一个汉字,比如:人、的、就、是、中、也,我们称这些词为单音节词。

有些是两个汉字,比如:中国、觉得、真正、了解、自己、朋友、所以、汉语、知己、意思,我们叫这些词为双音节词。有些学生觉得每个汉字都是词,这是不对的。现代汉语中有很多汉字不是词,比如:"中国人觉得真正了解自己的人就是朋友"里边,"觉、自、己、朋、友"就不是词,它们要跟别的汉字在一起才可以组成词。

现代汉语也有一些三个汉字的词,比如:电视机、留学生;也有三个汉字以上的词,但是不太多。

有人做过统计研究,现代汉语中,双音节词占了 80% 以上,所以,大部分的词是两个字的。

好了,我们来看一看下面哪些是词。

第一课　朋友

  练习 ....

一 把下面句子中的词划分出来

例如：我们 / 叫 / 它 / 双音节词。

1. 爱好相同的人有很多的共同语言。
2. 没有永远的朋友，也没有永远的敌人。
3. 朋友对我们的影响是很大的。
4. 我们交朋友时一定要小心。

二 判断正误，看看下面的词哪些划对了，哪些划错了

1. (　　) 你　结　婚　以后　就明白　了。
2. (　　) 我　刚　毕业　的　时候　喜欢　打　篮球。
3. (　　) 我　看　见　妈妈　在　厨　房　里　准备　晚　饭。
4. (　　) 她　以前　读小说、看电影，现在　什么都　不喜欢　了。

三 把下面句子中的单音节词找出来

1. 今年我和我哥哥一起考上了大学。
2. 我打电话问他办公室在什么地方。
3. 他不告诉我在哪里能买到那本书。
4. 那些没有钱读书的孩子比我更需要钱。

四 把下面句子中的双音节词找出来

1. 大学毕业的时候我已经三十岁了。
2. 昨天我和同学坐汽车去长城参观。
3. 小偷来我家偷东西，但是他什么也没有偷到。
4. 今天下午突然下雨了，可是我没有带雨伞。

5

阅读训练

（一）

不管你做什么工作，经济条件怎么样，只要你喜欢跑步就可以了。我性格开朗大方，热爱运动，喜欢上网。如果你也希望有人一起跑步，就加入我的跑团吧！有兴趣的请扫我的二维码。

根据课文回答问题

1. "我"是个什么样的人？

2. "我"想交什么样的朋友？

3. 怎么跟"我"联系？

（二）

我朋友还没有结婚，现在住在国外，在一家非常好的公司工作，很有钱。他的爱好是看电影、旅行、听音乐。他是一个内向的人，朋友不多，但是他是一个特别好的朋友，非常诚实，从来不说假话，也非常不喜欢别人说假话。

第一课　朋友

一 根据课文回答问题

1. 下面哪些不是"我"朋友的性格?
   外向　内向　幽默　诚实　开朗

2. "我"朋友的基本情况是哪些?
   有太太　　　　有很多朋友　　　在外国工作
   去过很多地方　看过很多电影　　没有爱好
   没有钱

3. "我"朋友最不喜欢什么?

二 复述课文

(三)

富兰克林说:"世界上最诚实可靠的是妻子、狗和现钱。"可是这三样都不是朋友。亚里士多德说:"世界上根本没有朋友。"事实上,世界上还是有朋友的,不过要打着灯笼去找。

一 根据文章选择正确答案

1. "可靠"的意思是:
   A. 可以相信的　　　B. 可以了解的
   C. 不可以依靠的　　D. 很难得到的

2. 这段话中说到几个人的名字？
   A. 一个　　　　　　　　B. 两个
   C. 三个　　　　　　　　D. 四个

3. 文章最后一句话的意思是：
   A. 很容易找到朋友
   B. 没有真正的朋友，有钱就有朋友
   C. 真正的朋友不是朋友
   D. 有真正的朋友，但是很难找到

二 复述课文

（四）

我是班里的老好人。前几天，我去旁听文学写作课，谁知老师正在点名，我因为没有选这门课，也就没太注意。

"钟名文……"，我一听，糟了，钟名文是我同屋，可他还在床上睡觉呢。算了，我替他点到吧。"到"，我回答。老师看着我说："钟名文，你上个星期没有交书费，说今天给我的。""什么？书费？多少钱？""六十二块。"老师说。这时班上的同学都在高兴地看我怎么表演。"对不起，老师，我今天没带钱。"我说。老师看着我："没带钱，微信转账也行。"全班同学都笑了。真没办法，我只好用微信把钱转给了老师。老师微笑着点点头，接着点名。

把钱转给老师后，我立马发微信给钟名文，告诉他今天的事，让他今天请客。

第一课　朋友

一 根据课文选择正确答案

1. "老好人"的意思是：
   A. 年纪大的好人　　　　B. 老师喜欢的学生
   C. 表演很好的人　　　　D. 性格好、不让别人生气的人

2. "我因为没有选这门课，也就没太在意"中"在意"的意思是：
   A. 兴趣　　　　　　　　B. 现在
   C. 注意　　　　　　　　D. 意思

3. "我替他点到吧"意思是：
   A. 我报告老师今天不会来
   B. 我代替他上课、回答问题、交书费
   C. 老师点他名字时我回答"到"
   D. 下课以后我把这件事告诉他

4. "这时班上的同学都在高兴地看我怎么表演"是因为：
   A. 我是一个好演员
   B. 同学们等着看我的笑话
   C. 同学们喜欢听我和老师谈话
   D. 同学们今天很高兴

5. 最后一句中"请客"的意思是：
   A. 请我吃饭　　　　　　B. 谢谢我
   C. 高兴　　　　　　　　D. 生气

复述课文

补充阅读

哥们儿

大学刚毕业时,我在酒桌上认识了一个朋友,他说自己在火车站工作。那天大家喝得很高兴,分手时他拍着我的肩膀说:"哥们儿,以后买火车票的事一定来找我,再难买的票我都能买到。你千万别客气,不然就是看不起我。"

春节快到了,回家的火车票真难买。我就给这位哥们儿打电话。还没说完,这哥们儿就说:"没问题,过几天给你送去。要几张啊?""一张就行了,您买到了给我打电话,我去取。"

春节越来越近了,可那位哥们儿还没有让我去取票,我给他打电话。他一听是我的电话,就说:"真是对不起,我这几天太忙了,我马上给你买票去。"

第二天,我又打电话给他。可他不接我的电话了。

第一课　朋友

根据课文回答问题

1. "千万别客气，不然就是看不起我"是什么意思？人们在什么时候说这句话？

2. 说能买火车票的人在哪儿工作？

3. 说说"我"这个"哥们儿"帮"我"买火车票的事情。

看中国

练习要求

1. 用"……精神"组几个词组。
2. 说说在你们国家怎么写庆祝会议召开的标语。

11

第二课

课 文

找个好工作

关键词：工资　体面　学历

一般来说工资高、比较体面的工作是好工作，比如公务员、医生、律师、大公司经理什么的。有个故事，说一个英国的卡车司机工资很高，但是他觉得不体面，后来他换了一个工作。虽然工资比以前低了，但他每天可以穿着西装去办公室上班，而且大家都叫他"先生"，他觉得很高兴。

好工作一般也要求高学历，所以大家都努力读书。不过有人不同意，

他们说最好的工作就是做自己喜欢做的事情。比如喜欢唱歌，他就觉得当歌手是最好的工作；喜欢打球，那么他就觉得运动员是好工作。

生 词

1.	体面	（形）	tǐmiàn	decent; dignified 有面子的，得到别人尊敬的
2.	公务员	（名）	gōngwùyuán	civil servant 政府工作人员
3.	律师	（名）	lǜshī	lawyer 帮助别人做法律工作的人
4.	卡车	（名）	kǎchē	truck 比较大的运送货物的汽车
5.	学历	（名）	xuélì	record of formal schooling 学校学习的经历

一 根据课文选择正确答案

1. 哪个不是课文中说到的"体面"的工作？
   A. 司机　　　　　　　B. 公务员
   C. 教师　　　　　　　D. A、B、C 全部

2. 那个英国卡车司机觉得高兴，是因为：
   A. 工资高了　　　　　B. 大家叫他"先生"了
   C. 体面了　　　　　　D. B 和 C

3. 那个英国卡车司机在做司机以前是做什么工作的?
   A. 歌手　　　　　　B. 开汽车的
   C. 打球的　　　　　D. 不知道

4. 好工作一般要求:
   A. 努力　　　　　　B. 会唱歌
   C. 高学历　　　　　D. 会打球

二 复述课文

技　能

偏正式的词

　　现代汉语的词最多的就是由两个汉字组成的双音节词。但是两个汉字是怎么组成词的呢?组成词以后它们的意思又是怎样的呢?

　　很多汉字都有自己的意思,我们如果知道字的意思,就可以猜到很多词的意思。比如,我们知道汉字"车"的意思,那么,我们可以猜到"汽车、卡车、牛车、马车、消防车、救护车、火车、电车"这些词说的大概都是跟"车"有关系的东西。

　　同样,我们也可以猜到"汗水、泪水、口水"都跟"水"有关系。汉语语法是修饰语放在中心语前边,就是说一个词里,说主要意思的语素(字)在后边,说是什么样子、什么东西的语素(字)放在前边,这种方法组成的词就叫"偏正式"。我们这一课中有个"室"字,它的意思就是"房间",在它前边加其他语素(字)就可以组成"教室、茶室、卧室、画室、办公室、休息室、阅览室、实验室、直播室"等"偏正式"的词。

　　我们来看看下面的练习。

练习

一 哪一组词是用相同方法组成的

1. 飞机　　汽车　　轮船　　火车
2. 铅笔　　电脑　　手机　　本子
3. 食堂　　饭店　　宾馆　　餐厅
4. 面条　　花生　　啤酒　　馒头
5. 足球　　操场　　比赛　　运动
6. 台灯　　书桌　　衣架　　风扇

二 下面的词我们可能没有学过，但是每个字我们都学过，我们来猜猜它们是什么意思

校医　　毛线　　歌剧　　特区　　客车
乐器　　雨鞋　　金鱼　　会场　　教堂

三 下面的词我们可能没有学过，有的字我们也没学过，我们来猜猜它们是什么意思

煤气　　桃花　　烧饼　　抹布　　钻石
难民　　舞台　　宴会　　支票　　挖土机

四 用下面的字组几个偏正式的词语

1. 机：＿＿＿机　＿＿＿机　　2. 菜：＿＿＿菜　＿＿＿菜
3. 剧：＿＿＿剧　＿＿＿剧　　4. 鞋：＿＿＿鞋　＿＿＿鞋
5. 衣：＿＿＿衣　＿＿＿衣　　6. 师：＿＿＿师　＿＿＿师
7. 灯：＿＿＿灯　＿＿＿灯　　8. 酒：＿＿＿酒　＿＿＿酒
9. 树：＿＿＿树　＿＿＿树　　10. 茶：＿＿＿茶　＿＿＿茶

五 把下面句子中的词划分出来

例如： 一 / 个 / 英国 / 的 / 卡车 / 司机

1. 他每天可以穿着西装去办公室上班。
2. 最好的工作就是做自己喜欢做的事情。
3. 大家觉得开汽车是非常好的职业。
4. 很多人觉得老师是一个不错的职业。

阅读训练

（一）

美国十大高薪工作

Glassdoor 网站公布了 2016 年美国薪水最高的 10 个工作：

1	医生 physician	年薪中位数：$180,000
2	律师 lawyer	年薪中位数：$144,500
3	研发经理 research and development manager	年薪中位数：$142,120
4	软件开发经理 soft development manager	年薪中位数：$132,000
5	药房主管 pharmacy manager	年薪中位数：$130,000
6	战略经理 strategy manager	年薪中位数：$130,000
7	软件架构师 software architect	年薪中位数：$128,250
8	集成电路设计工程师 integrated circuit designer engineer	年薪中位数：$127,500
9	信息技术经理 IT manager	年薪中位数：$120,000
10	解决方案架构师 solutions architect	年薪中位数：$120,000

（侨报网 2016-07-30）

根据课文选择正确答案

1. 美国年薪最高的工作是：
   A. 药房主管　　　　　　　B. 研发经理
   C. 医生　　　　　　　　　D. 律师

2. 信息技术经理年薪中位数是：
   A. 12万美元　　　　　　　B. 13万2千美元
   C. 13万美元　　　　　　　D. 18万美元

3. 跟战略经理工资一样的是：
   A. 软件架构师　　　　　　B. 集成电路设计工程师
   C. 药房主管　　　　　　　D. 医生

4. 解决方案架构师跟软件开发经理工资相比：
   A. 多了一万两千　　　　　B. 少了一万两千
   C. 多了三千　　　　　　　D. 少了三千

（二）

2017年夏季中国主要城市薪酬表

2017年夏季中国37个主要城市平均招聘月薪排行榜公布，全国37个主要城市的平均招聘月薪为7376元。其中，北京的平均月薪依然排名第一，上海月薪排名第二，深圳月薪排名第三，杭州排名第四，广州排名第五。

排名	城市	平均薪酬	排名	城市	平均薪酬
1	北京	9791	20	长沙	6721
2	上海	9337	21	无锡	6704
3	深圳	8866	22	兰州	6638
4	杭州	7933	23	昆明	6592
5	广州	7754	24	南昌	6538
6	东莞	7552	25	合肥	6516
7	宁波	7423	26	天津	6477
8	南京	7263	27	郑州	6448
9	乌鲁木齐	7230	28	济南	6447
10	厦门	7206	29	青岛	6343
11	苏州	7198	30	大连	6213
12	佛山	7152	31	西安	6089
13	海口	7145	32	石家庄	6027
14	重庆	6978	33	太原	5959
15	贵阳	6918	34	长春	5871
16	南宁	6908	35	烟台	5868
17	成都	6850	36	沈阳	5810
18	福州	6785	37	哈尔滨	5701
19	武汉	6760			

（排行榜123网　2017-07-12）

根据课文选择正确答案

1. 北京的月薪比武汉的月薪高了大约：
   A. 330 元　　　　　　　　　B. 2300 元
   C. 230 元　　　　　　　　　D. 3000 元

2. 中国各主要城市的月薪大部分是：
   A. 5000–6000 元　　　　　　B. 6000–7000 元
   C. 7000–8000 元　　　　　　D. 8000–9000 元

3. 重庆的月薪比成都高了大约：
   A. 100 元　　　　　　　　　B. 120 元
   C. 140 元　　　　　　　　　D. 160 元

4. 长沙的月薪比深圳少了：
   A. 500 多元　　　　　　　　B. 1000 多元
   C. 2000 多元　　　　　　　D. 3000 多元

5. 南京的月薪跟天津比，多了大约：
   A. 1000 元　　　　　　　　 B. 800 元
   C. 600 元　　　　　　　　　D. 400 元

（三）

2017 年最受中国大学生欢迎的十大城市

2017 年，在一线城市中，最受中国大学生欢迎的是上海，平均起薪也是最高的，达到了 4850 元。排在第二位和第三位的是北京和深圳，两个城市的平均起薪分别是4820元和4750元。排在第四位的是广州，第七位的是天津。

二线城市中成都排在第五位，虽然平均起薪只有3320元。南京、重庆、杭州和武汉分别排在第六、八、九、十位。根据最新的数据来看，选择二线城市的人数超过了一线城市。

（搜狐教育 2017-06-20）

根据课文填空

1. 最受中国大学生欢迎的一线城市是_____。
2. 最受中国大学生欢迎的二线城市是_____。
3. 北京的平均起薪比成都高了_____元。
4. 深圳排在最受中国大学生欢迎城市的第_____位。
5. 天津排在最受中国大学生欢迎城市的第_____位。
6. 南京排在最受中国大学生欢迎城市的第_____位。
7. 武汉排在最受中国大学生欢迎城市的第_____位。
8. 杭州排在最受中国大学生欢迎城市的第_____位。
9. 广州排在最受中国大学生欢迎城市的第_____位。
10. 重庆排在最受中国大学生欢迎城市的第_____位。

（四）

2017年全球主要城市人均月收入排行榜

德银上周发布了2017年全球物价报告（Mapping the World's Prices），比较了全球主要城市的人均月收入。在全球

第二课　找个好工作

47个主要城市中，排名第一的是瑞士苏黎世，2017年人均月收入5876美元，是纽约的137%。排名第二的是旧金山，人均月收入4817美元，是纽约的112%。波士顿排名第三，月收入4322美元。第四名是纽约，月收入4304美元。

排名第五至十位的城市依次为：芝加哥、悉尼、墨尔本、奥斯陆、新加坡和哥本哈根。

香港排名第十五位，人均月收入2715美元，是纽约的63%。上海排名第三十一位，人均月收入1336美元，是纽约的31%。

（商业排行榜　2017-05-10）

根据课文填空

1. 瑞士苏黎世人均月收入是 _____ 美元，是纽约的 _____ 。
2. _____ 人均月收入 _____ 美元，是纽约的112%。
3. 第四名 _____ ，月收入 _____ 美元。
4. 香港排名第 _____ 位，人均月收入2715美元，是纽约的 _____ 。
5. 上海排名第三十一位，人均月收入 _____ 美元，是纽约的 _____ 。

补充阅读

如果世界是一个只有100人的小村子，那会怎么样呢？

60个住在亚洲，11个住在欧洲，15个住在非洲，9个住在南美洲，5个住在北美洲。

49人住在乡下，51人住在城市。

33个天主教徒，22个穆斯林，14个印度教徒，7个佛教徒，12个信其他宗教，12个不信宗教。

12人讲汉语，5人讲西班牙语，5人讲英语，3人讲阿拉伯语，3人讲印度语，3人讲孟加拉语，3人讲葡萄牙语，2人讲俄罗斯语，2人讲日语，还有62人各讲一种语言。

83人会读会写，17人是文盲，7人读过大学，22人有一台电脑。

77人有住的地方，23人没有住的地方。

21人太胖了，63人能吃饱，15人营养不够，1人吃不饱。

87人喝的水很干净，13人喝不到干净的水。

（参考消息网　2016-12-08）

根据课文判断正误

1. （　　）欧洲人比非洲人多。
2. （　　）城市人比乡下人多。
3. （　　）信宗教的人比不信宗教的人多。
4. （　　）讲阿拉伯语的人比讲印度语的人多。
5. （　　）世界上超过20%的人没有住的地方。
6. （　　）世界上大部分人喝不到干净的水。

看中国

练习要求

1. 用"热爱、建设、发展"各组一个词组。
2. 说说在你们国家有哪些标语。

第三课

课 文

上学读书

关键词：知识　成功　学历

我们从六七岁就开始上学，爸爸妈妈和老师总是说："一定要好好学习！"六年小学，三年初中，三年高中，等我们高中毕业时已经十八九岁了。有的同学考上了大学，还要继续学习。

进了大学，我们有了很多自由，除了学习以外，我们还有很多活动。有同学一边学习，一边工作，他们要挣钱付自己的学费和生活费。

第三课　上学读书

大学快毕业了，我们又要决定是找工作还是继续学习。有人说社会是一个真正的"大学"，可以学到很多学校没有的知识，因为很多成功的人没有上过大学。也有一些成功的人大学没毕业就离开学校去工作了，比如微软的老板比尔·盖茨和苹果公司的乔布斯。

也有人说现代社会是一个学历社会，高学历的人有更多的机会，他们更容易找到好的工作，收入也更高，所以很多人大学毕业后还继续读硕士、读博士。

生词

1.	挣钱		zhèng qián	to earn money 通过工作得到钱
2.	机会	（名）	jīhuì	opportunity 出现了一个好的时间节点
3.	硕士	（名）	shuòshì	master 大学中的一个学位，比学士高，比博士低
4.	博士	（名）	bóshì	doctor 大学中最高的一个学位，比硕士高一级

专有名词

1.	微软	Wēiruǎn	Microsoft
2.	比尔·盖茨	Bǐ'ěr Gàicí	Bill Gates
3.	苹果公司	Píngguǒ Gōngsī	Apple Inc.
4.	乔布斯	Qiáobùsī	Steve Jobs

一 根据课文选择正确答案

1. 从小学到高中毕业一共是几年？
   A. 6 年 B. 9 年
   C. 12 年 D. 18–19 年

2. 大学生上学的时候要去工作吗？
   A. 都去 B. 都不去
   C. 有的去，有的不去 D. 不知道

3. 比尔·盖茨和乔布斯：
   A. 没有上过大学 B. 没有上完大学
   C. 读了博士 D. 读了硕士

4. 谁更容易找到好工作？
   A. 高中生 B. 初中生
   C. 硕士 D. 博士

5. 这篇文章主要是说：
   A. 人们受教育的情况 B. 学历高的人容易找工作
   C. 大学的学习情况 D. 很多成功的人没有上过大学

二 复述课文

第三课　上学读书

技　能

联合式的词

第二课我们学过一种把两个汉字组成词的方法，这一课我们再介绍一种方法，这种方法在汉语词语中也很多，我们叫它"联合式"。

在联合式的词里，两个汉字的意思有的是差不多一样的，如"声音、学习、奇怪、海洋"。这样的词如果你知道一个汉字的意思，你就可以猜到另外一个汉字的意思了，词的意思跟字的意思也差不多。比如"奇"和"怪"的意思差不多一样，"奇怪"的意思也就是"奇"和"怪"的意思；有的是相反或相对的，如"买卖、开关、多少、江山、天地"等。

比如"买"和"卖"的意思相反，那么"买卖"的意思是什么呢？就是"贸易"，就是"做生意"，有意思吧。

好了，我们来看看下面的练习。

练习

一　下面这些是联合式的词，请说说每个汉字的意思，再用这个汉字组一个词或词组

例如：　快乐　快：高兴——愉快
　　　　　　　乐：高兴——欢乐

1. 图书　图：_____——_____
　　　　　书：_____——_____

2. 机器　机：_____——_____
　　　　　器：_____——_____

3. 词语　词：_____——_____
　　　　　语：_____——_____

4. 买卖　买：_____——_____
　　　　　卖：_____——_____

27

5. 学习　学：_____ ——　　　6. 真正　真：_____ ——
　　　　习：_____ ——　　　　　　　　正：_____ ——

7. 错误　错：_____ ——　　　8. 美好　美：_____ ——
　　　　误：_____ ——　　　　　　　　好：_____ ——

二 下面这些都是联合式的词，有的学过，有的没学过，分析一下这些词是什么意思

特殊　　自从　　动静　　道路　　光明　　老少　　大小
稳定　　广阔　　紧急　　早晚　　偷窃　　斗争　　改变

三 选择合适的字组成联合式的词

1. 人 ____（数、民、种）　　　　2. 平 ____（时、静、原）

3. 教 ____（师、室、学）　　　　4. 高 ____（大、度、原）

5. 打 ____（手、击、球）　　　　6. 产 ____（生、品、量）

7.（铁、公、道）____ 路　　　　8.（美、妇、少）____ 女

9.（考、口、笔）____ 试　　　　10.（学、时、星）____ 期

四 看看下面这些词中哪些是联合式，哪些是偏正式

家具　　网球　　音乐　　教学　　手机　　商场
自学　　房屋　　生长　　毛巾　　马路　　村庄

阅读训练

（一）

开学第一天,老师问小学一年级的新生:"你为什么要上学?"孩子们是这样回答的:

"小的时候如果不读书,长大就成了笨蛋,什么都不会。"

"每个人都要学习知识,如果小的时候不学,长大了就挣不到钱,没有钱,就只好去捡垃圾了。"

"爸爸妈妈说,念完了幼儿园就要念小学,读完小学才可以读中学、读大学。"

"家里没有人带我,爸爸妈妈要上班,所以他们就送我来上学了。"

"小孩儿不会干活儿,所以要到学校读书,等长大了,会干活儿了,就不用读书了。"

"爸爸妈妈说,小学比幼儿园好玩儿,就送我来上小学了。"

"读了书就可以给老家的爷爷奶奶写信了,他们写的信,我也可以自己看了。"

你觉得孩子的回答怎么样?

一 根据课文口头回答问题

1. 你最喜欢哪个孩子的回答?为什么?
2. 你同意第二个孩子的回答吗?为什么?

二 复述课文

(二)

今年寒假,越来越多的大学生不回家,留在学校过春节。

在北京图书馆,记者看到很多学生为考硕士、考博士做准备,也有不少学生为写毕业论文而找资料。北大一位姓张的同学告诉记者,他家不远,寒假留在学校是想在图书馆安静地多读些书。

也有很多大学生在假期打工、实习,他们认为这样可以锻炼自己独立生活的能力,更好地了解社会。

也有不少大学生在假期考各种各样的证书,比如会计证、律师证、驾驶证、国际汉语教师证等。

一 根据课文选择正确答案

1. 那个北大的同学：

   A. 家不远　　　　　　　B. 姓张
   C. 想多读些书　　　　　D. A、B 和 C

2. 哪个不是大学生留在学校过寒假的原因？

   A. 准备考试　　　　　　B. 学开汽车
   C. 家太远　　　　　　　D. 考证

3. 大学生认为假期打工、实习：

   A. 很好玩儿　　　　　　B. 可以了解社会
   C. 可以锻炼自己　　　　D. B 和 C

4. 文中没有说到的证书是：

   A. 学生证　　　　　　　B. 会计证
   C. 驾驶证　　　　　　　D. 律师证

二 复述课文

（三）

1968 年，我五岁。

我想上学想疯了。想上学是因为在家没人跟我玩儿。一栋大楼里五六个伙伴那一年都去上学了，我也去报名，可学校说我年纪太小，不让上。那时入学年龄是八岁，七岁的也有，但是不多。妈妈去学校求人，没用。

那时我成天吵着"我要上学，我要上学"，都快病了。一天晚上，我半夜突然爬起来，找出书包，打开大门上学去了。

爸爸妈妈都被吓坏了，商量来商量去，觉得如果我上不了学，一定会得病。第二天，他们一起去学校求校长，不知道说了些什么，结果是校长同意我上学了。

（根据伍泽《我要上学》改写）

一 根据课文选择正确答案

1. "我想上学想疯了"的意思是：
   A. 太想上学了　　　　　　B. 因为想上学，所以疯了
   C. 因为想疯，所以要上学　D. 上学是疯子的想法

2. "妈妈去学校求人"的"求"是什么意思？
   A. 问一问情况　　　　B. 请别人帮忙
   C. 找一个认识的人　　D. 给钱

3. "成天吵着"的意思是：
   A. 有一天吵架　　　　B. 整天吵闹
   C. 在白天大声地叫　　D. 每天都吵架

4. "商量来商量去"的意思是：
   A. 商量去学校上课　　　　　　B. 商量请老师来
   C. 商量怎么去学校，怎么回来　D. 商量了很多次

二 复述课文

（四）

史蒂夫·乔布斯（Steve Jobs）2005年6月12日在斯坦福大学的一次讲话中告诉大家他为什么从大学退学。

他说："我的大学是一个差不多和斯坦福（Stanford）一样贵的学校。我父母收入普通，工资都花在了我的学费上。六个月后，我看不到这有什么价值。我不知道我的一生想要做什么，我也不知道大学能不能给我一个答案。所以，我决定退学。当时做这个决定时我是非常害怕的。但是，现在来看，这是我做过的最好的决定之一。"

一 根据课文判断正误

1. （　　）乔布斯上过大学。
2. （　　）乔布斯是斯坦福大学毕业的。
3. （　　）乔布斯家不是很有钱。
4. （　　）乔布斯的父母让他退学。
5. （　　）乔布斯现在觉得当时不应该退学。

二 复述课文

补充阅读

大学生卖肉夹馍

2014年4月,北京五道口地铁站附近"西少爷肉夹馍"开张。只有10平方米的小店生意很好,100天卖出20万个肉夹馍。

这家店的几个老板都是西安交通大学的毕业生,他们以前都在BAT(百度、阿里巴巴、腾讯)工作,是IT人。

他们说,"西少爷"要做到最好,他们包装用的纸袋子是进口的,比普通的塑料袋贵20倍。他们的肉夹馍跟西安一样,7块钱一个,但馍里的肉比西安的多一些,而北京的肉夹馍一般卖8-9块钱一个。

2015年,"西少爷"的店面扩大到200多平方米。

2016年11月,"西少爷肉夹馍"获得1150万美元融资,成为2016年国内餐饮业最高的一笔融资。

(根据2017年百度文章改编)

根据课文回答问题

1. 这个肉夹馍店的老板是什么人?

2. 这家店的肉夹馍怎么样?

3. 这个肉夹馍店的发展情况怎么样?

第三课　上学读书

看中国

练习要求

1. 标语中说的"三大考"是什么?
2. 照片里说到哪几个大学?
3. 你们国家进入小学、中学、大学要考试吗?怎么考?

第四课

课　文

旅　行

关键词：旅行团　行程　安排

跟旅行团旅行不用操心交通、吃住这些事情，主要的景点导游都会带你去看，比较舒服。但是，参加旅行团旅行没有自由，行程都是安排好的，如果遇到不好的导游或者不好玩儿的地方，你也没有选择。

如果有条件，旅行还是自己安排比较好。你可以自由地决定去看什么，去吃什么，住什么地方。你也有时间、有机会更好地了解当地的文化。现在旅游网站很多,在网上订票、订房都很方便。当然这样旅行会麻烦一些,但是,自己解决遇到的麻烦也是旅行的意义。

生词

1.	旅行团	(名)	lǚxíngtuán	touring group 旅行社安排和组织的一个旅行团队
2.	景点	(名)	jǐngdiǎn	scenic spot 有风景的地方
3.	导游	(名)	dǎoyóu	guide 带大家去旅行,介绍风景点情况的人
4.	行程	(名)	xíngchéng	journey 旅行的安排、距离等
5.	当地	(名)	dāngdì	local (事情发生的)那个地方
6.	订票		dìng piào	to book 提前买好票
7.	解决	(动)	jiějué	to solve 用一个办法让问题不再是问题
8.	意义	(名)	yìyì	signification 价值、意思

一 根据课文选择正确答案

1. "操心"跟下面哪个词的意思接近?
　　A. 担心　　　　　　B. 操场
　　C. 热爱　　　　　　D. 关心

2. 参加旅行团遇到导游不好或不好玩儿的地方，我们：
   A. 可以跟导游商量　　　B. 换旅行社
   C. 没有很多选择　　　　D. 自己去玩儿

3. 下面哪个不是自己安排旅行中的事？
   A. 自由决定吃什么　　　B. 自由决定看什么
   C. 导游带着你旅行　　　D. 自由决定住哪里

4. 下面哪个不是自己安排旅行的条件？
   A. 旅游网站很多　　　　B. 会说外语
   C. 网上订票方便　　　　D. 网上订房方便

5. 文章认为旅行中遇到麻烦：
   A. 很难解决　　　　　　B. 是一个大问题
   C. 可以请人帮忙　　　　D. 是有意义的

 复述课文

技　能

汉字声符

　　第二、三课我们介绍了把两个汉字组成词的方法，在汉语里，还有其他的几种方法，我们在以后的学习中会慢慢了解的。这一课我们介绍一下汉字声符。

同学们都说汉字很多，记不住。其实，我们日常用的汉字不是很多，大概3千多个字，如果我们认识了这3千多个汉字，那么我们可以很容易地读懂95%以上的汉语文章。这3千多个汉字大部分是形声字。形声字就是汉字里边一个部分（义符）表示意思，它一般在汉字的左边或者上边；另一个部分（声符）表示读音，它一般在汉字的右边或者下边。我们知道了这个以后，可以认识更多的汉字。

你们看看这四个字怎么念：干、肝、竿、杆。对了，它们的读音一样，都念"gān"；

你们再看看这四个字怎么念：赶、秆、矸、汗。它们念"gǎn、gǎn、gān、hàn"。虽然它们的读音有点儿不一样，但大部分还是差不多的。中国人以前说"秀才认字认半边"，意思是说遇到我们不会念的汉字，我们常常读这个汉字的一部分，声音常常在右边。虽然有时候读不对，但是大多数时候还是差不多的，因为这种汉字大概占了汉字总数的80%。怎么样，以后遇到不认识的字就试着念一念吧。

好了，我们来看看下面的练习。

练习

一 看拼音，找汉字，把汉字的号码写在括号里

A. liáo (　　)　　F. jù (　　)　　K. xī (　　)　　P. jiāo (　　)

B. bīn (　　)　　G. fěi (　　)　　L. bā (　　)　　Q. hé (　　)

C. biān (　　)　　H. zhī (　　)　　M. qīng (　　)　　R. tì (　　)

D. wān (　　)　　I. zào (　　)　　N. gū (　　)　　S. tán (　　)

E. chāng (　　)　　J. liú (　　)　　O. jiā (　　)　　T. duàn (　　)

1. 疤	6. 诽	11. 惧	16. 荷
2. 鞭	7. 菇	12. 氢	17. 嘉
3. 猖	8. 脂	13. 娇	18. 熄
4. 滨	9. 豌	14. 噪	19. 剃
5. 缎	10. 榴	15. 辽	20. 痰

二 给下面的汉字注上拼音，再找一个跟这个字有一样的声符，读音相同或相近的汉字

例如： 证：zhèng ； 政

	拼音	汉字		拼音	汉字
彩：	_____	；_____	何：	_____	；_____
抱：	_____	；_____	极：	_____	；_____
副：	_____	；_____	箱：	_____	；_____
通：	_____	；_____	较：	_____	；_____

三 指出下面哪些汉字的读音接近

1. 幅　2. 纲　3. 招　4. 提　5. 痰　6. 福
7. 岗　8. 题　9. 毯　10. 诏　11. 匾　12. 编
13. 茵　14. 茭　15. 怒　16. 姻　17. 努　18. 较

四 下面的词语你们可能都没有学过，没问题，你读一下，问问老师你读对了没有

1. 议论　2. 疲惫　3. 阻拦　4. 拥抱　5. 疤痕
6. 清醒　7. 搬迁　8. 凄惨　9. 蚂蚁　10. 荔枝

五 用我们学过的阅读技能分析一下这些词的意思，不知道没关系，知道多少说多少

1. 议论　2. 疲惫　3. 阻拦　4. 拥抱
5. 疤痕　6. 清醒　7. 搬迁　8. 凄惨

阅读训练

（一）

用一个星期时间去云南旅行也行，只是一定要跟旅行团才好，因为景点很多，自己去时间可能不够。

七天的旅行一般从昆明坐车出发，先到大理玩儿两天，再到丽江玩儿两天，最后到香格里拉玩儿两天。每个景点都很漂亮，但是在一个地方只有很短的时间。因为路上还要花好多时间，到一个地方就是照照相，随便看看就离开了，一天下来脑子空空的。

要想真正了解云南，可以坐飞机直飞大理或者丽江。在那儿多住几天，慢慢欣赏那里清清的湖水、美丽的雪山、迷人的古城。

（转自《北京晨报》）

一 根据课文选择正确答案

1. 从昆明出发,一般最后去哪里?
   A. 大理　　　　　　　　B. 丽江
   C. 香格里拉　　　　　　D. 没有说

2. 云南的景点怎么样?
   A. 很多　　　　　　　　B. 很少
   C. 没有意思　　　　　　D. 很小

3. "一天下来脑子空空的"意思是:
   A. 从汽车上下来的时候头很疼
   B. 看了一天可是好像什么也没有看
   C. 心里想看的东西没有看到
   D. 只想休息,别的事情都不想了

4. 哪个地方一定有飞机场?
   A. 大理　　　　　　　　B. 丽江
   C. 香格里拉　　　　　　D. A 和 B

5. 作者觉得到云南旅行:
   A. 一个星期够了　　　　B. 时间应该长一点儿
   C. 坐飞机去一个地方就行了　　D. 不要去昆明

二 复述课文

（二）

一般说来，飞机出现问题的时候，机长自己可以决定应该怎么办，是继续飞行还是马上着陆，根本不需要跟乘客商量。

但是有这么一件有趣的事儿。一架有二百五十名乘客的飞机从意大利米兰飞往古巴首都哈瓦那，飞机起飞不久机器出了问题，机长用广播告诉乘客，我们的飞机刚才出了一点儿问题，现在已经好了，可以继续飞行。可乘客听了以后很害怕，有好多人说不要继续飞行。机长说："好啊，大家举手表决是决定继续飞行还是回去。"大家表决后决定回去。于是这个好商量的机长就按照大家的决定飞回了米兰。

一 根据课文选择正确答案

1. 一般情况下，机长在飞机遇到问题的时候：
   A. 都要跟乘客商量有关飞行的事情
   B. 不用跟乘客商量有关飞行的事情
   C. 都要跟服务员商量有关飞行的事情
   D. 都要跟公司商量有关飞行的事情

2. "着陆"的意思是：
   A. 飞机着火   B. 修理飞机
   C. 飞机落地   D. 飞机停飞

3. 故事中的机长建议乘客：
   A. 继续飞行   B. 飞回去
   C. 不用怕   D. 表决是继续飞行还是飞回去

4. "好商量"是什么意思?

　　A. 很容易同意别人的意见　　B. 喜欢跟别人商量

　　C. 自己不喜欢做决定　　　　D. 商量好了以后才做

二 复述课文

（三）

　　北京市中心的什刹海是"胡同游"的主要旅游地。这里是老北京最美、最古老的地方。胡同里有王府、寺庙、名人故居。这里可以看到老北京人真实的生活：儿童在玩儿传统的游戏，老人在遛鸟、下棋，小商人在叫卖各种商品……在导游的带领下，你可以坐上三轮车在胡同里"走马看花"，也可以在胡同里漫步，还可以到居民家参观、聊天儿，体验北京人的真实生活。

一 根据课文选择正确答案

1. "胡同游"主要参观的地方在：

　　A. 北京的王府里边　　　B. 北京的寺庙里边

　　C. 北京的名人故居里　　D. 什刹海

2. "胡同游"主要参观的东西是：

　　A. 传统北京人的生活　　B. 现代北京的建设

　　C. 美丽的自然风光　　　D. 古代的西式建筑

3. 胡同里可以看到的活动,下列哪个没提到?

A. 小孩儿在玩儿　　B. 老人在玩儿

C. 唱京剧　　　　　D. 有人卖东西

4. "漫步"是什么意思?

A. 走得很慢　　　　B. 走路时喝水

C. 舒服、自由地到处走　　D. 一边走一边跟别人聊天儿

二 复述课文

(四)

旅游住宿须知

一、选择酒店、宾馆

1. 旅行者时间比较紧,常常一天要去好几个景点,所以交通问题很重要,最好选择靠近车站或市中心的旅馆、宾馆。

2. 一般大宾馆的服务比较好,但是价钱比较贵。旅行中休息好很重要,不要为了省钱住太差的旅馆。

3. 多用网上订房的方法,在网上常常能找到又便宜又好的酒店、宾馆。

二、住宿登记

1. 登记住宿时,要出示护照、回乡证或居民身份证,填住宿登记表。

2. 大部分酒店、宾馆还会要客人交押金,押金在退房时会还给你。

3. 退房时间一般都定在中午12点前。

根据课文判断正误

1. (　　) 应该住交通方便的旅馆。
2. (　　) 住便宜的旅馆比较好。
3. (　　) 住宾馆一定要带证件。
4. (　　) 在网上订房比较好。
5. (　　) 住酒店一般要交押金。
6. (　　) 应该在中午12点以前退房。

补充阅读

我的读书生活

人家问我,为什么有那么多同班同学?这是因为初中三年的六个学期,我留了五次级,最少有一百五十个老同学。

我书读得"坏",是因为学校不好吗?不是的。集美学校在全国不是第一也是第二。是我不好吗?不是的。只不过因为我觉得那些国文课本都是我小时候念过的,数、理、化、英文费那么多脑子去记,我长大以后又用不上。

一开学，我就把领来的新书卖了，换钱买袜子、肥皂。然后一头钻进图书馆去，懂的也看，不懂的也看。

"书读成这副样子！留这么多次级！你每回还有脸借这么多书！你会不好意思吗？……"。

这是管图书馆的阿姨骂我的话。有时她干脆就说："不准借！"

"有没有脸借书"这句话我至今觉得好笑，借书还要脸吗？

(选自《文汇报》黄永玉文章）

一 根据课文回答问题

1. "我"为什么有那么多同班同学？

2. "我"为什么把领来的新书卖了？

3. "我"不上课做什么？

4. 图书馆的阿姨为什么骂"我"？

二 复述课文

看中国

练习要求

1. 写出几个关于酒店、宾馆的最重要的词语。例如：订房、退房、标间。

2. 说说在你们国家你怎么安排旅行，说说你在中国旅行的经历。

第五课

课 文

来一个西红柿炒鸡蛋

关键词：点菜 菜单

一位在中国住了好多年的法国朋友教我点菜，他说，在中国点菜很容易：

一、中国菜最多的就是"炒"。一般是"A 炒 B"，比如"西红柿炒鸡蛋""辣椒炒牛肉"，一般是一个青菜炒一

个肉;"炒 A"也可以,比如"炒土豆"。你可以随便说,很容易。

二、"蒸"也是做中国菜常用的方法。一般是"蒸 A",比如"蒸鱼""蒸鸡蛋"。一般"蒸"的是鱼、海鲜。

三、"炸"也是做中国菜常用的方法。一般是炸肉、鱼,比如"炸丸子""炸鱼",有时候也可以炸一些不是肉的东西,比如"炸馒头"。

四、"红烧"也是做中国菜常用的方法。红烧是用酱油和别的东西来煮肉和鱼,颜色比较红,味道也比较浓,比如"红烧肉""红烧鱼"。

这个法国朋友说,中国菜的名字特别多,也很奇怪,看不懂菜单没关系,只要跟餐厅里的服务员说就可以了。

生 词

1.	炒	(动)	chǎo	to stir-fry 做菜的方法,锅里放一点油儿,油热后把菜放进去快速地翻动,如炒白菜
2.	点	(动)	diǎn	to order (dishes) 说出自己想要的
3.	蒸	(动)	zhēng	to steam 做菜的方法,用热的水蒸气来做菜,如蒸鸡蛋

4.	炸	（动）	zhá	to deep-fry 做菜的方法，把食物放在烧热的油里，如炸薯条
5.	红烧	（动）	hóngshāo	to braise in soy sauce 做菜的方法，食物的颜色比较红，味道很浓，如红烧牛肉
6.	酱油	（名）	jiàngyóu	soy sauce 用豆子做的一种液体调味料，比较咸
7.	煮	（动）	zhǔ	to boil; to cook 做菜的方法，把食物放在开水里，如煮饭
8.	浓	（形）	nóng	strong; thick 味道比较大
9.	菜单	（名）	càidān	menu 餐厅里写菜名的单子

一 复述课文

二 用课文中法国人说的方法说出几个中国菜的名字，并试着读一下不认识的字

蔬菜　　黄瓜　西红柿　豆角　白菜　芹菜
肉类　　猪肉　牛肉　　火腿　香肠　鸡肉
鱼类　　鲈鱼　鳝鱼　　黄鱼　鲫鱼　石斑鱼
其他　　豆腐　鸡蛋　　木耳　玉米　蘑菇

三 分别介绍几个你们国家的菜

1. 蔬菜类：_____

2. 肉类：_____

3. 鱼类：_____

4. 其他：_____

技 能

汉字义符

上一课我们介绍了怎么用汉字的声符来念不认识的汉字的方法，这一课我们来认识几个汉字的义符。义符是表示汉字意思的偏旁，一般在汉字的左边或者上边，如江、抬、花、篮。我们来看看这几个偏旁的意思：

1. 氵：水——河、湖		2. 讠：语言——话、说	
3. 心、忄：心——想、忘、恨、惊		4. 扌：手——推、拉	
5. 犭：动物——猫、狗		6. 火：火——炒、烧	
7. 木：树木——桦、松		8. 月：身体——胃、脚	
9. 疒：病——疼、癌		10. 艹：植物——花、菜	
11. 衤：衣物——裤、衫		12. 钅：金属——铁、银	
13. 饣：饮食——饿、饼		14. 口：嘴——吃、叫	
15. 虫：虫子——蚊、蛇		16. 鸟：鸟类——鸡、鸭	

练习

一 猜猜下面绿色词语是什么意思

1. 我们在 滨海 大道散步。
2. 他的照片周围放着 松柏 。

3. 小孩子大叫："狼来了！"
4. 他擦了擦脸上的汗。
5. 小孩子在看蚂蚁搬家。
6. 福建的馄饨很有名。
7. 很多年轻人的脸上有痤疮。
8. 奶奶很唠叨。
9. 这个汤有点儿烫。
10. 我去商店买袜子。

二 找出下面词语里汉字的声符和义符，试着读一下并说出词语的意思

讥讽　拇指　芬芳　叫唤　猩猩　饥饿　恍惚　汪洋
栏杆　脂肪　烘烤　忿忿　裤衩　蝌蚪　蘑菇　爆炸

三 把下面句子中的词划分出来

例如：一般 / 是 / 一 / 个 / 青菜 / 炒 / 一 / 个 / 肉。

1. 一位在中国住了好多年的法国朋友教我。
2. 因为大部分的蔬菜都能炒。
3. "蒸"也是做中国菜常用的方法。
4. 只要跟餐厅里的服务员说就可以了。

阅读训练

（一）

姐夫对我说："好吧，我们明天包饺子。"荷西虽然听不懂中文，可是"饺子"这两个字他是知道的。离开姐夫家以后，他说："怎么又要吃饺子，我吃过三次了。"

荷西这一生，除了太太做的中国菜以外，只去过中国家庭吃过两次晚饭，一次是在王家吃饺子，一次是在林家，也吃饺子，这一次到姐夫家去了，又是吃饺子。

我听了荷西的话就对他说，饺子是一种特别的北方食物，做起来也并不很方便。在国外，为了表示对客人的热情，才愿意做这种麻烦的东西。他们请我们吃饺子，我们要感激才对。

（根据三毛《背影》改写）

一 根据课文选择正确答案

1. 荷西说："怎么又要吃饺子"的真正意思是：
   A. 想知道为什么吃饺子　　B. 很想吃饺子
   C. 知道为什么吃饺子　　　D. 不想吃饺子

2. 中国人觉得包饺子给客人吃怎么样？
   A. 表示热情　　　　　　　B. 可以介绍北方食物
   C. 比较方便　　　　　　　D. 文章没有说

3. 姐夫的家在哪里?

A. 在中国　　　　B. 在外国

C. 可能在中国　　D. 没有说

4. 跟"感激"意思接近的是：

A. 感到　　　　　B. 激动

C. 感谢　　　　　D. 感想

二 复述课文

（二）

　　麦当劳是 MacDonald 的音译。一九二三年我到美国读书时是个穷学生，午饭总是在校园附近一家小吃店吃牛肉饼夹面包，名字叫做"汉堡格尔"（Hamburger），吃饱就可以了，不管其他。把一个圆面包（bun）分成两片，抹上牛油，再抹上一层蛋黄酱，把一片小小的薄薄的牛肉饼放上去，再加两片酸黄瓜。这样的东西，三口两口就吃掉了，很难填饱中国人的胃，不过只要一角钱。那个时候还没有什么"麦当劳"。

（根据梁实秋《麦当劳》改写）

一 根据课文选择正确答案

1. 1923 年"我"在美国做什么?

A. 做面包　　　　B. 旅行

C. 读书　　　　　D. 不知道

2. "汉堡格尔"由几种东西组成？

　　A. 五种　　　　　　　B. 四种

　　C. 三种　　　　　　　D. 不知道

3. 我总吃"汉堡格尔"可能是因为：

　　A. 好吃　　　　　　　B. 便宜

　　C. 快　　　　　　　　D. 没有别的东西

4. "三口两口"的意思是：

　　A. 五口　　　　　　　B. 有时候三口，有时候两口

　　C. 一口　　　　　　　D. 一下子

二 复述课文

（三）

　　有个不懂日语的英国人去日本旅行，在一家日本餐厅吃饭。他不知道怎么点菜，就指着菜单上的第一行字给女服务员看，他以为这是餐厅最有名的菜。小姐笑着弯下腰鞠了一个躬表示知道了。

　　可是等了很久也不见小姐把菜送来。他把小姐叫过来，又把菜单上的第一行日本字点了一次。小姐又是微笑着鞠躬表示知道了。可他等了很久还不见小姐送菜上来。

　　最后，这个英国人在餐厅找到一位懂英文的日本大学生，请他帮忙去问。大学生问了小姐，小姐说，早已送过了。两次都送了。日本学生回去问这个人点了什么菜。这个人指着

菜单上的第一行字说:"就是这个。"学生看了哈哈大笑,原来第一行字是餐厅播送音乐的名字。这个人两次都听到了,就是没吃到。

一 根据课文判断正误

1. (　　) 故事发生在日本。
2. (　　) 客人用日语点菜。
3. (　　) 客人觉得他自己点了一个好菜。
4. (　　) 饭店的服务员很客气。
5. (　　) 客人点的菜很好吃。
6. (　　) 客人会说英文。

二 口头表达

1. 讲讲这个故事,特别要说说日本学生为什么笑。
2. 你要是这个客人,你会怎么点菜呢?

(四)

清蒸黄花鱼

新鲜黄花鱼一条,约 500 克。

葱姜丝、酱油、花生油各 10 克。

做法:

黄花鱼洗干净,在表面放上姜丝,放在蒸笼蒸约 7 分钟取出,在表面放上葱丝,加酱油,把花生油烧热,浇在鱼身上。

青椒炒牛肉

新鲜青椒500克。

牛肉100克。

葱姜丝、酱油、花生油各10克，盐少许。

做法：

青椒、牛肉洗干净。把青椒切成小块儿。把牛肉切成薄片，放一点儿花生油、酱油。先用大火把油烧热，把葱姜丝放进去炒几下，然后把牛肉放进去快炒，最后把青椒放进去一起炒，放盐。

口头表达

1. 清蒸黄花鱼怎么做？
2. 青椒炒牛肉怎么做？

（五）

刚到美国时，几个中国同学请我到一家中餐馆吃饭。小林看到旁边桌子上有几个洋人在用筷子，就说："现在会用筷子的老外越来越多了！"小王接着说："是啊。那些老外不但会用筷子，还会点菜呢。他们再也不是只会点宫保鸡丁、春卷、麻婆豆腐了。"小张正要开口，只见那张桌子上一个已吃饱喝足的老外慢条斯理地走到我们桌前来，用他那非常漂亮的京片子说："请你们搞清楚，在这里，你们才是老外。"

一 根据课文选择正确答案

1. "他们再也不是只会点宫保鸡丁、春卷、麻婆豆腐了",意思是想说:
   A. 他们现在会点中国菜了
   B. 他们现在不会点菜
   C. 他们喜欢吃宫保鸡丁、春卷、麻婆豆腐
   D. 他们不喜欢吃宫保鸡丁、春卷、麻婆豆腐

2. "慢条斯理"的意思是:
   A. 生气地   B. 慢慢地
   C. 静静地   D. 突然地

3. "京片子"的意思可能是:
   A. 嘴   B. 声音
   C. 北京话   D. 美国英语

二 复述课文

补充阅读

地 震

  1923年9月1日,对于上中学二年级的我来说,是个心情沉重的日子。暑假结束的前一天,学生们都感到心烦,因为又要上学了。这一天要举行第二学期的开学典礼。

  开学典礼一完,我就去了京桥的书店为大姐买西文书籍。可是书店还没有开门。我从这么远的地方来,它竟没

有开门。我很心烦,只好先回家,下午再来。

我家对门有一家当铺,我和朋友蹲在这当铺的后面,用小石子打那头拴在我家大门旁的老黄牛。邻居家有个养猪场,那牛是拉喂猪用的剩饭的。不知什么原因,那家主人头天晚上把它拴在我们两家之间的小胡同里了。它叫了整整一夜,十分讨厌。我被它叫得一夜也没睡好,看见它就生气,才用小石子打它。

这时,听到轰隆隆的声音,电线杆猛烈地摇了起来,当铺也在猛烈地摇。地震了!

〔节选自《黑泽明自传》,[日]黑泽明(Akira Kurosawa),中国电影出版社,1987年〕

根据课文回答问题

1. 那一天是什么日子?"我"为什么心烦呢?

2. 说说"我"去书店买书的情况。

3. "我"的邻居是做什么的?

4. "我"为什么用石头砸邻居家的牛?

5. 地震发生的时候什么样?

看中国

练习要求

1. 用"正宗"组几个词组。如:正宗的北京烤鸭。
2. 说说你喜欢的和不喜欢的中国菜是什么。
3. 介绍一种你们国家的名菜。

第六课

课 文

保护环境

关键词：保护　环境　污染　资源

保护环境人人都有责任，我们可以从下面这些地方做起：

1. 要节约。我们用的每一样东西都是从大自然拿来的，不能浪费，比如水、电、纸等等。我们少用一点儿，对大自然的破坏就少一点儿，污染就少一点儿。

2. 不乱扔垃圾。很多垃圾，特别是塑料制品、电池，会长期破坏环境。

3. 垃圾分开放。把各种垃圾分开，可以回收利用一些垃圾，这样就节约了自然资源。

4. 多种树、种草、种花。这样做环境变美了，还能保护环境。

5. 少用一次性的东西。比如一次性的筷子、一次性的塑料餐具等等。

6. 不用或少用塑料袋。我们买东西时应该准备好自己的袋子。

7. 少开汽车。因为汽车会产生大量废气，污染空气。

只要人人注意环境保护，我们生活的地球就会永远美丽。

生 词

1.	保护	（动）	bǎohù	to protect 让一个东西不会受到伤害
2.	责任	（名）	zérèn	duty; responsibility 在法律、道义上应该做的事情
3.	节约	（动）	jiéyuē	to save 用得很少，"浪费"的反义词
4.	浪费	（动）	làngfèi	to waste 用得很多，不需要用那么多。"节约"的反义词
5.	破坏	（动）	pòhuài	to damage; to destroy 把东西弄坏了
6.	污染	（动）	wūrǎn	to pollute 把东西弄脏了，多用在环境或社会风气方面
7.	回收	（动）	huíshōu	to recover; to reclaim 把一个东西收回来
8.	资源	（名）	zīyuán	resources 生产、创造一个东西或做成一件事所需要的材料
9.	废气	（名）	fèiqì	waste gas 没有用、对环境有害的气体

一 根据课文判断正误

1. （   ）买东西的时候用自己的袋子能保护环境。
2. （   ）有些垃圾是可以再用的。
3. （   ）种树、种花对环境保护有用。
4. （   ）骑自行车也会污染空气。
5. （   ）我们生活中用的很多东西都是从大自然拿来的。
6. （   ）只用一次就扔的东西会破坏生态环境。
7. （   ）环境保护跟普通人没有关系。
8. （   ）乱扔垃圾最大的问题是让我们的环境看起来很脏。

二 复述课文

技 能

简 称

简称就是把一个长的词语用简短的方法写出来或者说出来。比如"北京大学"我们就说"北大","清华大学"我们就说"清华","环境保护"我们就说"环保","包修、包换、包退"我们叫"三包"。简称是经常使用的一种方法,了解简称可以帮助我们提高阅读速度。一个简称有时候可能有几个意思,比如"人大",可能是"中国人民大学",也可能是"人民代表大会",在文章中你要根据上下文判断。

练习

一 看下面的简称是什么意思

北语　京广铁路　进出口　农行　美军　网友　中西医　公厕
中小学　亚运会　体检　师生　菜市　南大　中老年　网购

二 说说下面词语的简称

北京大学医学院　　上海第五中学　　中国美国友好协会
奥林匹克运动会　　身体检查
物质文明、精神文明　　印度尼西亚　　加利福尼亚州
老师、学生　　关心爱护

三 你能把下面联合式和偏正式的词分开吗?说说你的理由

保护　错误　破坏　塑料　制品　电池　长期　生产
需要　餐具　节约　使用　废气　美丽　汽车　摩托车

65

四 试着读一读下面的字，让老师看看你读得对不对

圾 源 植 材 态 袋 仲 胜 镇 镐 账 估

五 说说下面的字可能是什么意思，再试着读一下

蚁 馍 鹭 袍 拦 狼 讽 芯 哑 忧 柱 忿 瘤

阅读训练

（一）

夏天到了，老张的儿子给他买了一台空调。对儿子的关心，老张很高兴，但老张为了空调还和儿子生了气，因为儿子要扔掉他的扇子。老张觉得长时间用空调人不舒服，而且要用很多电，夏天用扇子就行了。

儿子说："现在我们又不是没有钱，多用几度电，舒服一点儿有什么不好？说用扇子好，就是怕花钱。"

老张说，扇子不如空调凉快，但能给他一些美好的回忆。以前没有空调，也没有电扇，晚上家家户户、老老少少都拿一把凉扇，坐在院子里聊天儿，那种感觉真好……

一 根据课文口头回答

1. 老张生气是因为什么？
2. 老张的儿子觉得爸爸不扔扇子是为什么？
3. 老张说不扔扇子的原因是什么？

4. 你的看法是什么？

二 复述课文

（二）

威廉·林赛是一个生活在北京的英国人，他有一位美丽的中国太太和两个可爱的儿子。

威廉·林赛从小就特别喜欢万里长城，20世纪80年代，他用了78天的时间从嘉峪关走到山海关，走了2470公里。

威廉发现长城上有很多垃圾，于是他在

2001年成立了一个"国际长城之友协会"，他希望大家都爱护长城，在登山之后把自己产生的垃圾带回家中处理，不乱扔垃圾；不吸烟；不放鞭炮；不用塑料袋；不破坏花果树木；在背包有空地儿时，把别人扔掉的垃圾捡回去等。

他们一家人还和很多志愿者一起，多次登上长城捡垃圾。威廉说，他现在是中国最有名的洋"垃圾清洁工"。

（东北新闻网 2014-05-06）

一 根据课文选择正确答案

1. 威廉·林赛的太太是哪国人？
   A. 中国人　　　　　　B. 英国人
   C. 美国人　　　　　　D. 没有说

2. 威廉·林赛用了多长时间从嘉峪关走到山海关？
   A. 78 天　　　　　　　B. 80 年
   C. 2470 公里　　　　　D. 2001 年

3. 威廉·林赛发现长城的"问题"是：
   A. 太长了　　　　　　B. 太老了
   C. 垃圾很多　　　　　D. 去玩儿的人很多

4. 下面哪个不是威廉·林赛的希望？
   A. 不放鞭炮　　　　　B. 不吸烟
   C. 不用塑料袋　　　　D. 不照相

5. 如果游客去长城玩儿的时候产生了垃圾，威廉·林赛希望：
   A. 带回家处理　　　　B. 放在长城附近的垃圾箱里
   C. 扔到山上　　　　　D. 给别人

6. 跟"把别人扔掉的垃圾捡回去"中"捡"的意思接近的词语是：
   A. 抓　　　　　　　　B. 提
   C. 推　　　　　　　　D. 拾

二 复述课文

（三）

中国是世界上12个缺水国之一，人均水资源不到世界人均的四分之一，全世界排名第110位，全国600个城市一半以上缺水。因此，我们应该养成节约用水的好习惯，尽量做到一水多用。

日常生活中有很多一水二用或者多用的办法。洗菜、洗米的水可以给家畜饮用，洗衣服的水可以用来拖地、冲厕所。洗脸水可以用来洗脚，然后再冲厕所等。国外一些环保建筑能把落在屋顶上的雨水收集起来，再用于浇花或清洁房间，这样的方法还有很多，只要我们有了节水意识，就能想出更多的好办法。

一 根据课文填空

1. 中国是世界上12个 _____ 之一。
2. 我们应该养成 _____ 用水的好习惯。
3. 洗菜、洗米的水可以给家畜 _____ 。
4. 洗脸水可以用来洗脚，然后再 _____ 厕所等。
5. 国外一些环保建筑能把落在屋顶上的雨水 _____ 起来。
6. 只要我们有了节水 _____ ，就能想出更多的好办法。

二 复述课文

（四）

70、80、90三个年代出生的人有很大的不同。

关于工作：

"70后"认为一切要听领导的安排，加班是应该的，给不给加班费没关系。

"80后"一般都不愿意加班，他们为了不加班会找一些理由。如果一定要加班，加班费不能少。

"90后"公开表示不愿意加班。他们说，8小时以外的时间是我们自己的，加班费给80后吧，我们不要。

关于消费：

"70后"喜欢存钱，买大件儿，养孩子。

"80后"到了结婚的年龄，想存钱买房，但是也喜欢消费，压力很大。

"90后"最喜欢网购，跟"70后""80后"最不一样的是，他们特别愿意为自己的快乐花钱，不爱存钱。

一 根据课文选择正确答案

1. 哪个年代出生的人会找理由不加班？

A. 70后　　　　　　B. 80后

C. 90后　　　　　　D. 没有说

2. 最听领导话的是哪个年代的人？

　　A. 70 后　　　　　　　B. 80 后

　　C. 90 后　　　　　　　D. 没有说

3. "90 后"不喜欢加班，他们要去做什么？

　　A. 看电影　　　　　　 B. 打游戏

　　C. 跟朋友吃饭　　　　 D. 没有说

4. 看起来收入比较高的是哪个年代的人？

　　A. 70 后　　　　　　　B. 80 后

　　C. 90 后　　　　　　　D. 没有说

5. 哪个不是"90 后"的习惯？

　　A. 喜欢买大件儿

　　B. 喜欢网购

　　C. 喜欢为自己的快乐花钱

　　D. 不喜欢存钱

6. 感觉压力很大的是哪个年代的人？

　　A. 70 后　　　　　　　B. 80 后

　　C. 90 后　　　　　　　D. B 和 C

 复述课文

补充阅读

泰国的泼水节

泼水节是泰国的传统节日，清迈的泼水节在泰国非常有名。

清迈的泼水节是从帕辛寺（Wat Prah Singh）开始的。帕辛寺在清迈西北的山上，离市区有15公里，坐车大约20分钟。泼水节那天早上，大家会把一座有名的佛像从帕辛寺里请出来，然后为佛像淋上第一碗水，泼水节才正式开始。

清迈泼水节用的水是古城护城河里的水，在那里打水很方便。泼水节那天，清迈人会开着他们的皮卡车，车上放两三个大水桶，桶里放上大冰块儿。一人开车，别的人站到皮卡车上，在路上，他们见到人就泼水。要是遇到别的皮卡车，大家就互相泼水，真是好玩儿极了！

（根据2014年环球网文章改编）

根据课文回答问题

1. 清迈的泼水节是怎么开始的？

2. 清迈人是怎么泼水的？

3. 说说清迈人泼的水是怎么样的。

看中国

练习要求

1. 请仿造这句话,用"人人……"说几个句子,如:人人爱运动。
2. 说说你自己保护环境的方法。

第七课

课　文

业余生活

关键词：放松　享受

我觉得最美好的人生应该是：工作的时候认真工作，休息的时候尽量放松，尽情享受。又会工作，又会休息，又会享受的人，才是幸福的人。

我的爱好很多，看足球比赛、登山、玩儿电脑游戏、看书、下棋、看电影。还有一个最大的爱好，那就是写小说。

我足球踢得不好，可是爱看足球比赛。世界杯比赛的时候我总是一个月不工作，白天睡觉，晚上看球。2014年巴西世

界杯的时候,我去巴西看比赛,顺便也去南美洲很多国家旅行了。

平常我是一个"宅男",喜欢待在我长城脚下的家里。

生 词

1.	业余	(形)	yèyú	sparetime; after-hours 工作以外的
2.	尽量	(副)	jǐnliàng	to the best of one's abilities 用最大的能力去做
3.	放松	(动)	fàngsōng	to relax 从紧张变得不紧张
4.	尽情	(副)	jìnqíng	to one's heart's content 让自己的感情得到最大的自由
5.	享受	(动)	xiǎngshòu	to enjoy 得到满足
6.	宅男	(名)	zháinán	indoorsman; Otaku 日语词,意思是不喜欢出门的男人

专有名词

| 1. | 巴西 | Bāxī | Brazil |
| 2. | 南美洲 | Nán Měizhōu | South America |

一 根据课文选择正确答案

1. "我"的观点是:
   A. 工作比享受重要　　B. 享受比工作重要
   C. 工作和享受一样重要　　D. 先工作,然后享受

2. "我"的职业可能是什么?
   A. 登山家　　B. 电脑工程师
   C. 足球运动员　　D. 不知道

3. 没有说到的爱好是:
   A. 下棋　　B. 打羽毛球
   C. 玩儿游戏　　D. 登山

4. "我" 2014 年去巴西:
   A. 看朋友　　B. 看球
   C. 登山　　D. 玩儿电脑游戏

5. "我"家可能在哪里?
   A. 北京　　B. 日本
   C. 巴西　　D. 没有说

二 复述课文

技　能

词语互释（1）

词语互释就是互相解释。在文章中，有时候一个词语的意思在上下文中能看出来。比如：

1. 这个孩子很娇气，才走了几步路就说累了，老师说了她几句，她就哭了。
2. "海内存知己，天涯若比邻"，虽然我们离得很远，但我们的心是在一起的。
3. 这里非常干燥，一年只下三次雨。

"娇气""海内存知己，天涯若比邻""干燥"的意思就是后面说的情况。

练习

猜猜下面绿色词语是什么意思

1. 他是个倔老头儿，谁的话他都不听。
2. 这里的交通秩序不太好，没有警察，车乱开、人乱走。
3. 他俩一见钟情，认识才一个月就谈恋爱了。
4. 他整天不认真工作，什么事情都马马虎虎，吊儿郎当。
5. 我感到很迷惑，不明白到底是为什么。
6. 这张票不能用，作废了。
7. 他办事很周到，什么事情都安排得很好。
8. 这个孩子很孝顺，非常关心爸爸妈妈。

9. 他威胁我说:"你要是不给我,我就杀死你。"
10. 他俩非常默契,不说话也知道对方想做什么。
11. 这个人做什么事情都不专心,三心二意的。
12. 他说的跟心里想的不一样,口是心非。

阅读训练

(一)

刚到加拿大的中国人,业余生活很单调。因为他们要熟悉环境,找工作,提高英语,没什么时间去玩儿,去享受生活,有时间也只是待在家里。等他们工作、生活稳定以后,就开始在业余生活上花越来越多的钱和时间了。

在加拿大,中国人的业余生活和享受方式跟加拿大本国人不同。中国人不管走到哪里,吃都是最主要的。加拿大到处是中餐馆,多数是广东菜馆,也有什么"福州楼""北京楼""老四川"。下馆子成了中国人业余生活的一个重要部分,在那里见朋友,打发时间。

● 一 根据课文选择正确答案

1. 跟"单调"意思接近的词是:
   A. 困难　　　　　　B. 简单
   C. 紧张　　　　　　D. 丰富

2. 在加拿大的中国人业余生活和享受方式怎么样？

    A. 跟在中国差不多   B. 跟加拿大人一样

    C. 跟在中国时不一样   D. 没有说

3. "下馆子"的意思是：

    A. 去便宜的饭馆吃饭   B. 去饭馆吃饭

    C. 在饭馆的楼下吃饭   D. 开饭馆

4. "打发时间"的意思是：

    A. 浪费时间   B. 说一些新的消息

    C. 让时间过去   D. 说很久以前的事情

二 复述课文

（二）

今年高考成绩公布以后，老师们发现，高考成绩最好的学生中没有一个是书呆子。他们个个性格开朗，爱好广泛，各个方面的能力都很强。课余时间，他们注意锻炼身体，积极参加各种有意义的活动。比如，今年的高考第一名——师大附中学生李晓，课余时间就特别爱玩儿。她喜欢打乒乓球，曾经在校运会的乒乓球比赛中得过第二名，她还喜欢唱歌、看电视，是一个全面发展的三好学生。

一 把简称和相对应的词连起来

1. 高考　　　　A. 师范大学附属中学
2. 师大附中　　B. 高血脂、高血压、高血糖
3. 三高　　　　C. 学校运动会
4. 校运会　　　D. 高等学校入学考试

二 根据课文判断正误

1. (　　) 考试成绩好的学生大部分没有业余爱好。
2. (　　) 李晓很喜欢玩儿。
3. (　　) 李晓学习成绩一般。
4. (　　) 文章介绍了李晓四种业余活动。

（三）

　　我们学院为留学生安排了很多课外活动。每学期的第3周举行班和班之间的体育比赛，比如篮球比赛、排球比赛、羽毛球比赛；第10周举行作文比赛；第12周举行书法比赛；第16周举行汉语表演比赛。

　　除了各种比赛以外，每学期还要组织大家去参观本地的名胜古迹，欣赏美丽的风景，了解本地人的生活。如我们每学期的第5周会组织大家去酒家喝早茶，让同学们了解广州的风俗习惯。

根据课文填空

1. 第 _____ 周举行体育比赛。
2. 第 10 周举行 _____ 比赛。
3. 第 _____ 周举行书法比赛。
4. 第 _____ 周举行汉语表演比赛。
5. 每个学期组织参观 _____。
6. 了解广州人风俗习惯的活动是 _____。

（四）

如果有人问我："业余时间你做什么？"我肯定会告诉他："上网！"只要有网络，我可以几天不出门。有了网络，世界变得很小，朋友变得很近，生活变得很方便。

不管有什么事，我最先想到的就是上网查查应该怎么做。如果要买什么东西，我也会先到购物网站看看价钱，再看看网友的评论。

网络让我的生活改变了很多，我已经离不开网络了。

一 根据课文选择正确答案

1. 哪个不是网络的好处？
   A. 世界变小了　　　　B. 东西便宜了
   C. 朋友变近了　　　　D. 生活方便了

2. 文章没有说到"我"在网上：

A. 看东西的价钱 B. 看网友的评论
C. 看最新的电影 D. 查找解决问题的方法

3. "我已经离不开网络了"的意思是：

A. 我已经不想用网络了 B. 我已经想离开网络了
C. 我觉得网络没有用 D. 我不能没有网络

二 复述课文

补充阅读

农夫的心愿

一个著名的画家到乡下一个风景美丽的地方度假。他住在一个农夫的家里。他每天吃过早饭就出去画画儿。一直到傍晚天黑时才回到农夫家，美

美地吃完晚饭，就去睡觉。

假期结束了，画家要付一些钱给农夫。可是农夫说："不，我不需要钱。如果可以的话，您就给我一张您画的画儿吧！"画家听了以后非常高兴，问农夫为什么喜欢他的画儿。

农夫说："我有个儿子，他到巴黎去学习画画儿，想成为一名画家。他下次回家时，我就把您的画儿给他看看，我想这样一来，他就不想当画家了。"

根据课文回答问题

1. 说说这个著名的画家在乡下的生活、工作情况。

2. 为什么画家要付钱给农夫？

3. 农夫为什么想要画家画的画儿？

看中国

练习要求

1. 请用"禁止"写几条标语,如:禁止吸烟、禁止停车。
2. 请说一个你的旅行故事。

第八课

课 文

您好！王处长

关键词：领导　职务　干部

在中国，各个地方领导的职务是怎么说的呢？在汉语里，一般的领导人都叫"×长"，如银行的领导人叫行长，火车站的领导人叫站长，学校的领导人叫校长。"主任"也是一个常用的职务，如"系主任""班主任""体委主任""办公室主任"等。

副职叫"副×长""×副主任"，如"副行长""系副主任"。

那么谁的职务高呢？一个城市从高到低一般是市长、局长、处长、科长。在大学，从上到下一般是校长、院长、系主任。

公司的领导人从高到低是董事长、总经理、经理等。

中国的干部中还有个很重要的职务——书记，它是中国共产党内部的一个职务。

现在你知道应该怎么称呼中国的领导了吧。

生 词

1.	领导	（名）	lǐngdǎo	leadership; leader 机构、组织、单位的负责人
2.	职务	（名）	zhíwù	assignment; duty 工作岗位的名称
3.	副	（形）	fù	deputy, vice- 第二位的
4.	局	（名）	jú	bureau 某级机关的名称
5.	董事长	（名）	dǒngshìzhǎng	chairman of the board (of directors) 公司高级领导的职务
6.	总经理	（名）	zǒngjīnglǐ	general manager 公司高级领导的职务
7.	书记	（名）	shūjì	secretary 这里是共产党内的一个领导职务

专有名词

| 中国共产党 | Zhōngguó Gòngchǎndǎng | the Communist Party of China |

一 中国各个地方领导的职务一般是怎么说的

二 说出下面这些单位的最高行政领导人的职务

1. 天津第五中学
2. 中国农业银行
3. 计划生育委员会
4. 历史研究所
5. 南海电视台
6. 海西市公安局
7. 留学生办公室
8. 四海贸易公司
9. 青年出版社
10. 南山火车站
11. 韩国文学研究中心
12. 绿化委员会

三 把下面这些人按照行政职务从高到低排列出来

1. 周局长
2. 张副处长
3. 孙副局长
4. 李市长
5. 朱副科长
6. 钱处长
7. 刘副市长
8. 马科长

技　能

词语互释（2）

词语互释常常用对比、相反的形式，这种方式在汉语中用得非常多。我们要注意句子中"不""没有"这些词，它们常常表示相反的意思。比如：

1. 他很大方，不像你这么小气。
2. 进口的电视机质量很好，国产的电视质量也很好。
3. 虚心使人进步，骄傲使人落后。

这里的"大方"跟"小气"；"进口"跟"国产"；"虚心"跟"骄傲"；"进步"跟"落后"都是反义词，知道了一个词的意思就能知道另外一个的意思。

练习

一 猜猜下面绿色词语是什么意思

1. 中国是发展中国家，美国和日本是发达国家。
2. 精装书比简装书贵得多。
3. 君子动口，小人动手。
4. 爸爸很节约，从来不浪费。
5. 这件衣服太厚了，换一件薄一点儿的吧。
6. 她以前整天都是乐呵呵的，可最近不知是怎么了，老发脾气。

二 试一试完成下列句子，再猜猜它们是什么意思

1. 不管是 _____ 的南方，还是寒冷的北方，大家都上街去庆祝新年的到来。
2. 我们要表扬好的，批评 _____ 的。
3. 哥哥喜欢开快车，我不喜欢，我喜欢 _____。
4. 人往高处走，水 _____ 流，每个人都想有更好的生活。
5. 你们先别高兴，上山 _____ 下山难，下山的时候才麻烦呢。
6. 饱了给一斗，不如 _____ 了给一口。

阅读训练

（一）

现在，报考公务员的大学毕业生越来越多，很多毕业生和他们的家长都认为公务员是最理想的职业。《沈阳日报》在大学生里做过一个调查，发现愿意报考公务员的占61.4%。

这种情况有几个原因：一是中国人从来就觉得能在政府工作是一件很有面子的事情，这是几千年的传统；二是公务员有稳定的收入、社会地位高、事业有发展；三是很多大学生受别人的影响，不清楚自己的特点，不尊重自己的爱好，也没有人生的计划，报考公务员只是跟风。

一 根据课文选择正确答案

1. "报考"的意思是:
   A. 报名考试　　　　　B. 报告考试
   C. 报到考试　　　　　D. 报失考试

2. 认为公务员是理想职业的是什么人?
   A. 大学生　　　　　　B. 大学生的家长
   C. 公务员　　　　　　D. A 和 B

3. "稳定的收入"意思是:
   A. 很高的收入　　　　B. 规定的收入
   C. 有保证的收入　　　D. 会增加的收入

4. 根据文章,我们知道大学生报考公务员:
   A. 不全是大学生的爱好
   B. 有些是学生家长的希望
   C. 有些是他们不知道该做什么
   D. 以上全部

5. "跟风"的意思是:
   A. 别人做什么我也做什么　　B. 看起来很好
   C. 自己跟别人不同　　　　　D. 没有原因的

二 复述课文

第八课 您好！王处长

（二）

王平在大学学的是中文专业，文章写得好，人也长得帅。他运气不错，大学一毕业就参加了公务员考试，被录取了，在教育局办公室当秘书。

跟小王想的政府机关工作有点儿不一样。秘书工作不都是写报告、写通知，更多时候是迎来送往、安排会议。他也常常跟领导去外地开会，陪领导去检查工作。如果单位的同事出了什么事情，他们也要去处理，比如去医院看望生病的同事、去交警队处理交通事故等。

小王觉得秘书工作最需要的是责任心、耐心、细心。

一 根据课文选择正确答案

1. "帅"的意思是：
   - A. 听话
   - B. 好看
   - C. 高
   - D. 聪明

2. 小王的工作是什么？
   - A. 秘书
   - B. 主任
   - C. 市长
   - D. 没有说

3. 小王在政府机关的工作：
   - A. 不写报告
   - B. 不写通知
   - C. 只是安排会议
   - D. 常常迎来送往

4. 小王如果外出了，可能是：

A. 去外地开会　　　　　B. 陪领导检查工作

C. 去处理单位同事的事情　D. A、B 和 C

5. 课文中没提到办公室工作需要：

A. 细心　　　　　　　　B. 责任心

C. 真心　　　　　　　　D. 耐心

二 复述课文

（三）

2017年共有148.63万人参加国家公务员考试，比2016年增加了9.17万人，平均每个职位有55人竞争，比2016年46∶1的竞争比例高。

从性别分析，关注2017年国考的女性多于男性，这也说明女性更希望选择稳定的工作。

2017年国家公务员考试最热门的一个职位有9837人竞争，让大家再一次认识到考公务员是非常难的。

是不是公务员的职位都受欢迎呢？也不是。2017年国家公务员考试有一些职位没有人报名，这些职位一般是边远、艰苦、经济条件落后的地区。

（新浪教育　2017-10-29）

第八课　您好！王处长

一　根据课文选择正确答案

1. 2017年中国公务员考试平均多少人竞争一个职位？
   A. 1.9 万人　　　　B. 152 万人
   C. 55 人　　　　　D. 1 千人

2. 2017年中国新录取的公务员人数是：
   A. 2.7 万人　　　　B. 148.63 万人
   C. 55 人　　　　　D. 9.17 万人

3. 跟"竞争"意思最接近的词是：
   A. 比　　　　　　B. 打
   C. 考　　　　　　D. 写

4. 2017年最热门的一个公务员职位有多少人报考？
   A. 55 人　　　　　B. 46 人
   C. 9837 人　　　　D. 9.17 人

二　复述课文

（四）

老公如果当上了领导，你要知道他可能每天晚回家 N 小时，而且回来的时候很可能一身的烟味儿和酒味儿。你要给他放好洗澡水，准备好明天的衬衫。

93

你要经常告诉他注意身体，还一定要常常跟他说你们不需要很多钱，这是很重要的。

星期天和假期，你不要逛商场，但一定要拉上他去打打球，锻炼锻炼身体。

当然，也可能会这样：他没有时间吃你做的饭，也没有时间跟你去锻炼，因为他常去外地出差，很少在家里吃饭，在家里睡觉的时间还没有在宾馆睡觉的时间多。

一 根据课文选择正确答案

1. 当领导以后，老公：
   A. 可能花钱比以前多了　　B. 可能回家的时间晚了
   C. 可能身体比以前好了　　D. 跟以前一样

2. 老公回家晚可能是：
   A. 在办公室工作　　B. 在外面吃饭喝酒
   C. 去看电影了　　　D. 去锻炼了

3. "跟他说你们不需要很多钱"真正的意思可能是：
   A. 你不希望老公做错事　　B. 你不想要钱
   C. 你们有很多钱　　　　　D. 你不喜欢买东西

4. 老公"在家里睡觉的时间没有在宾馆睡觉的时间多"是因为：
   A. 他的办公室在宾馆　　B. 他上班的地方太远
   C. 他喜欢住宾馆　　　　D. 他常常出差

5. 下面哪个不是"你"要做的?
   A. 给他放好洗澡水　　　　B. 准备衬衫
   C. 让他给你很多钱　　　　D. 拉他去锻炼身体

 复述课文

补充阅读

想北平

我真爱北平。这个爱几乎是要说而说不出的。我爱我的母亲。怎样爱?我说不出。

北平的好处不在处处设备的完善，而在它处处有空儿，可以使人自由地呼吸；不在有好些美丽的建筑，而在建筑的四周都有空闲的地方，使它们成为美景。每一个城楼，每一个牌楼，都可以从老远就看见。而且在街上就可以看见北山与西山呢！

是的，北平是个都城，而能有好多自己生产的花、菜、水果，这就使人更接近了自然。从它里面说，它没有像伦敦的那些成天冒烟的工厂；从外面说，它紧连着园林、菜园和农村。像我这样的一个没有钱的人，恐怕只有在北平能享受一点儿清福了。

好，不再说了吧；要落泪了，真想念北平呀！

（根据老舍《想北平》改编）

根据课文回答问题

1. "我"爱北平的感觉是什么？

2. 北平为什么好？

3. 为什么说北平使人接近自然？

第八课　您好！王处长

看中国

练习要求

1. 请说几个政府机构的名称，如：公安局、海关。
2. 说说你们国家有哪些政府机构，它们是做什么工作的。

第九课

课 文

中医和西医

关键词：中医　西医　治疗

中医认为人身体的各个部分都有联系，不能分开。耳朵有问题，可能跟肾有关系；眼睛有问题，可能跟肝有关系。中医大夫看看你的嘴，可以知道你胃的情况，他在你的耳朵上可以治你的头疼。中药很特别，如果一个不了解中医的人第一次看见中药一定会大吃一惊的，因为中药里边的东西太奇怪了，有很多树叶、草、虫子、石头。看起来一点儿都不像药。还有，中国人觉得吃的东西都是药，可以治不同的病，他们常常会告诉你哪些东西可以治哪些病。

中医和西医都有自己的特点。一般说来急性病看西医好，慢性病用中医治疗比较好。如果你不知道应该看西医还是看中医，不用担心，中国的大夫在医学院学习的时候西医、中医都学过，他会给你一个好建议的。

生 词

1.	中医	（名） zhōngyī	traditional Chinese medicine 中国医学，或者用中国医学的方法治病的大夫
2.	西医	（名） xīyī	western medicine 西方医学，或者用西方医学的方法治病的大夫
3.	治	（动） zhì	to treat 让病痛消失
4.	急性病	（名） jíxìngbìng	acute disease 很快发作的病
5.	慢性病	（名） mànxìngbìng	chronic disease 短时间治不好的病

一 根据课文选择正确答案

1. 这篇文章主要是：
   A. 介绍中医的治疗方法　　B. 介绍西医的治疗方法
   C. 介绍中医和西医的历史　D. 比较中医和西医

2. 哪个东西不是中药？
   A. 树叶　　　　　　　　　B. 草
   C. 虫子　　　　　　　　　D. 葡萄酒

3. 你的肚子疼，大夫要看你的手，这个可能是什么方法？

　　A. 西医的方法　　　　　B. 中医的方法

　　C. 古代的方法　　　　　D. 全部

4. 文章认为治疗急性病最好用什么？

　　A. 中医　　　　　　　　B. 西医

　　C. 都可以　　　　　　　D. 没有说

5. 中国医院里中医贵还是西医贵？

　　A. 西医贵　　　　　　　B. 中医贵

　　C. 中医、西医都不贵　　D. 没提到

二 复述课文

技　能

根据上下文猜词（1）

　　有些词我们不认识，影响了我们阅读。但是，每一个生词都有上下文，很多时候你读懂了上下文，就能猜出这个生词的大概意思。比如："他吃了两个糌粑，现在不饿"，"糌粑"这个词非常难，但是它在动词"吃"的后边，一定是一种吃的东西；再比如："保姆正在炒菜"，"保姆"能炒菜，应该是人。在阅读中用这种方法可以帮助理解，也能提高阅读速度。

第九课　中医和西医

练习

一 猜猜下面绿色词语是什么意思

1. 陈晓梅喝着咖啡看电视。
   A. 人的名字　　　　　B. 咖啡的名字
   C. 杂志的名字　　　　D. 电视的名字

2. 王先生得了胃癌，住进了医院。
   A. 一种水果　　　　　B. 一种书
   C. 一种病　　　　　　D. 一种药

3. 明明发烧，大夫给他开了银翘解毒丸。
   A. 一种药　　　　　　B. 一种菜
   C. 一种人　　　　　　D. 一种笔

4. 小王刚打完篮球，正在喝雪碧。
   A. 雪的名字　　　　　B. 球的名字
   C. 颜色的名字　　　　D 饮料的名字

5. 李平读书的时候抽大重九，现在工作了，抽黄鹤楼。
   A. 烟的名字　　　　　B. 酒的名字
   C. 车的名字　　　　　D. 颜色的名字

6. 晚会上，张文和李芳一起唱了《纤夫的爱》。
   A. 一首诗的名字　　　B. 一首歌的名字
   C. 一个舞的名字　　　D. 一个人的名字

101

7. 我儿子最喜欢到动物园看狮子，一见到狮子就开心得大叫。

  A. 动物的名字   B. 孩子的名字

  C. 花的名字   D. 树的名字

8. 很多球星嚼着口香糖打球。

  A. 手的动作   B. 眼睛的动作

  C. 嘴的动作   D. 脚的动作

二 猜猜下面绿色词语是什么意思

1. 她很喜欢吃榴莲，我不喜欢。（　　）
2. 王朋去医院看病，医生让他打先锋六号。（　　）
3. 前几天我肚子疼，吃了两天黄连素，现在好了。（　　）
4. 昨天晚上，林红和刘英一起去客家王吃晚饭。（　　）
5. 点菜的时候，林红点了一个糖醋排骨。（　　）
6. 汉语表演会上，玛丽朗读了一首《春晓》。（　　）
7. 我渴极了，喝了两瓶农夫山泉。（　　）
8. 张老师每天骑着凤凰去教室上课。（　　）
9. 妈妈在厨房煎鱼，我在房间都闻到了香味。（　　）
10. 今天很冷，我穿了棉袄，还觉得冷。（　　）

三 把下面句子中的词划分出来

例如： 中医 / 认为 / 人 / 身体 / 的 / 各个 / 部分 / 都 / 有 / 联系。

1. 因为中药里边的东西太奇怪了。
2. 中医和西医都有自己的特点。
3. 不知道应该看西医还是看中医。

第九课　中医和西医

阅读训练

（一）

儿子从医学院毕业了，他在爸爸的诊所帮忙。一次爸爸有事出去了几天，等爸爸回来以后儿子得意地对爸爸说："爸爸，前两天我给史密斯太太做过一个身体检查，她的病你治了三十年都没有治好，可我两天就治好了，怎么样？厉害吧？"

听了儿子的话，爸爸叹了一口气说："孩子啊，就是她的病让我有了房子、汽车，还让你上了医学院。"儿子看着爸爸，一句话也说不出来。

一 根据课文回答问题

1. 爸爸是做什么工作的？

2. 儿子觉得他比爸爸怎么样？

3. 爸爸为什么要叹气？

4. 儿子为什么一句话也说不出来？

二 复述课文

（二）

　　中国的互联网医疗平台"好大夫在线"上一共有14万名医生实名注册，直接为不同地方的病人提供医疗服务。在"好大夫在线"互联网医疗平台上，病人可以用APP随时找到需要的医生。当然，病人需要付钱给医生。

　　2017年的前10个月，"好大夫在线"的医生一共服务了2756万次，166万小时。这166万小时有72%是三甲医院的医生提供的。一天中，医生最常见的上线时间段是17时到22时，晚上21时上线的医生最多。

　　"好大夫在线"互联网医疗平台让边远地区的病人也能得到优秀的医疗服务。

（《中国青年报》2017-11-28）

一 根据课文选择正确答案

1. 这篇文章的主要内容是：
　A. 介绍互联网医疗平台　　B. 介绍医学专家
　C. 介绍一个病人　　　　　D. 介绍一个网民

2. "实名"的意思是：
　A. 有名　　B. 没有名
　C. 真名字　D. 假名字

3. 病人用"好大夫在线"时在哪里可以得到专家的回答？
　A. 医生办公室　　B. 医院的病房
　C. 电脑或手机　　D. 没有说

4. 在"好大夫在线"上看病：

　　A. 用付钱　　　　　　B. 不用付钱

　　C. 用挂号　　　　　　D. 用排队

二 说说"好大夫在线"是一个什么样的东西

（三）

　　马可觉得不舒服，去医院看病。医生为马可做了长时间的检查，可是还是没有查出他得的是什么病。马可生气地说："你们医院的水平太差了！"

　　医生没生气，很真诚地说："这样吧，你回去洗一个热水澡，水要热一点儿，然后在室外走两个小时，记住，一定不要穿衣服。"

　　"这样就能治好我的病吗？"

　　"不。不过，这样你一定会得肺炎，我们医院治肺炎最拿手了。"

一 根据课文选择正确答案

1. 马可得的是什么病？

　　A. 肺炎　　　　　　　B. 感冒

　　C. 胃病　　　　　　　D. 不知道

2. 马可觉得给自己看病的医生：
   A. 技术不好　　　　　　B. 很热情
   C. 很不礼貌　　　　　　D. 很真诚

3. 医生给马可的建议：
   A. 是想治好他的病　　　　B. 是想让他得另外一种病
   C. 是想让他洗热水澡　　　D. 是想让他少穿一点儿衣服

4. "肺炎"的意思可能是：
   A. 一种病　　　　　　　B. 钱
   C. 累　　　　　　　　　D. 明白

5. "拿手"的意思可能是：
   A. 容易做　　　　　　　B. 手工
   C. 做得好　　　　　　　D. 拿来

二 复述课文

（四）

近几年很多人到韩国医疗观光，就是去韩国的时候可以旅行，又可以得到自己想要的医疗服务。韩国的整容水平非常高，日本、中国去韩国整容的人越来越多。韩国治疗慢性病、癌症也有很高的技术水平。

韩国从2009年起，给到韩国医疗观光的游客特别的签证，方便大家到韩国接受医疗服务。如果想了解详细信息，可以跟当地的韩国使领馆联系。韩国旅游发展局（Korea Tourism Organization）在中国有7个办事处，也可以帮助大家。

一 根据课文选择正确答案

1. 文章说韩国哪方面的医疗水平高？
   A. 整容　　　　　　　B. 治疗慢性病
   C. 治疗癌症　　　　　D. 以上全部

2. 对外国人来说，韩国哪方面的医疗服务水平最高？
   A. 整容　　　　　　　B. 治疗慢性病
   C. 治疗癌症　　　　　D. 治疗急性病

3. 韩国政府对外国人到韩国接受医疗服务的态度怎么样？
   A. 反对　　　　　　　B. 没有特别的安排
   C. 提供方便　　　　　D. 没有说

二 复述课文

补充阅读

我抱着一包衣物，穿过病床中间的过道，走向汪小姐指给我的那张病床。第五号，一块黑底白字的铁牌挂在床头的墙上，不会让人看错。好几双陌生的眼睛把我一直送到第五号病床。

床上铺着白布被单,是新洗过的,不过上面还有一块碗口大的黄色药迹。头靠着墙,左面靠近第六号病床,右边靠近第四号,中间各有一条过道,每张床边都有一个小小的方木柜,靠床头放着。左边柜上放着两个杯子和两把茶壶,看起来是给我们两个人用的。方柜下面有门,里面分两格,空着,可以放我带来的衣物。床下有一个方凳,凳上放着一把生锈的便壶。

(改编自巴金《第四病室·寒夜》)

一 根据课文填空

1. 第五号的牌子挂在_____的墙上。
2. 我的床单是新洗过的,但是上面留着一块碗口大的_____药迹。
3. 我病床的右边是_____号病床。
4. 左边柜上放着两个_____和两把_____。
5. 床下有一个_____,凳上放着一把_____的便壶。

二 复述课文

第九课　中医和西医

看中国

练习要求

1. 说几种疾病和药品的名字，如：感冒、青霉素。
2. 说说在你们国家看病的情况。

第十课

课 文

做买卖

关键词：贸易 出口额 中国制造

中国古代就跟世界上很多国家有贸易，丝绸之路就是古代中国和西方国家进行贸易的重要通道。

根据WTO的统计，2015年，全球出口总额第一的国家是中国，2.27万亿美元；美国出口额1.5万亿美元，排第二；德国排第三，1.32万亿美元；日本排第四，6251亿美元；荷兰排第五，5670亿美元；韩国排第六，5269亿美元。

中国产品价钱便宜，质量也不错。中国生产的很多产品都是世界最多的，出口也是最多的，如玩具、服装、鞋帽、箱包等等。中国也是世界上最大的机电产品生产国，现在，中国制造的汽车、飞机、轮船、火车、手机、家用电器都大量出口。全世界都能看到中国制造的产品。

（环球网 2016-02-18）

第十课　做买卖

生词

1.	贸易	（名）	màoyì	trade 商业活动；买卖
2.	出口		chū kǒu	to export 把自己国家的商品卖到外国去
3.	总额	（名）	zǒng'é	total amount 钱的总数
4.	产品	（名）	chǎnpǐn	product 制造出来准备拿去卖的东西
5.	机电	（名）	jīdiàn	mechanical and electrical 机器和电器
6.	制造	（动）	zhìzào	to make 做东西

专有名词

| 丝绸之路 | Sīchóu Zhī Lù | Silk Road 古代一条由中国通到西方的贸易道路 |

一 根据课文填空

1. 中国古代的重要贸易通道是 _____ 。
2. 2015 年中国的出口总额达到 _____ 美元。
3. 2015 年，美国出口额是 _____ 美元。
4. 中国商品价钱便宜，_____ 也不错。
5. 中国是世界上第一大机电产品 _____ 国。
6. 全世界都能看到 _____ 的产品。

二 说说中国外贸出口和出口商品的情况

技 能

根据上下文猜词（2）

这一课我们继续练习根据上下文猜词。

练习

一 猜猜下面绿色词语是什么意思

1. 演员们的表演精彩极了，大家又鼓掌又送花。

   A. 好　　　　　　　　B. 差
   C. 一般　　　　　　　D. 快

2. 寒假到了，李明想回家看望父母，又想去北方旅游，非常犹豫。

   A. 很快决定　　　　　B. 很难决定
   C. 很容易决定　　　　D. 能决定

3. 听到这个喜讯，妈妈高兴得很，满脸都是笑。

   A. 坏消息　　　　　　B. 好消息
   C. 一般的消息　　　　D. 奇怪的事

4. 她得了绝症，医生说最多能活一年时间。

   A. 很容易治的病　　　B. 比较难治的病
   C. 有很多办法治的病　D. 没有办法治的病

5. 老王是个瘸子，走不快，我们等等他。
   A. 腿有问题的人　　　　B. 手有问题的人
   C. 牙有问题的人　　　　D. 耳朵有问题的人

6. 这个地方发生了旱灾，半年多没有下雨，地上种的东西都干死了。
   A. 火烧东西的灾害　　　B. 虫吃东西的灾害
   C. 水太多的灾害　　　　D. 水太少的灾害

7. 我打了一会儿羽毛球，胳膊就疼了。
   A. 操场　　　　　　　　B. 身体的一个部分
   C. 累　　　　　　　　　D. 困难

8. 花园里种的玫瑰又大又红，很漂亮。
   A. 花　　　　　　　　　B. 虫子
   C. 工人　　　　　　　　D. 颜色

9. 老舍写了很多非常好的文章，中国人很爱他。
   A. 音乐家　　　　　　　B. 作家
   C. 画家　　　　　　　　D. 政治家

10. 他说今天穿的这件皮尔·卡丹是女朋友送的。
    A. 鞋子　　　　　　　　B. 帽子
    C. 书　　　　　　　　　D. 衣服

二 猜猜下面绿色词语是什么意思

1. 这里的人家家住漂亮的楼房，开小汽车，非常富裕。（　　　　）
2. 他是一个瞎子，看不见东西，生活很不方便。　　（　　　　）

3. 王先生在家什么也不干，不买菜，不做饭，不扫地，不洗衣服，非常懒惰。　　　　　　　　　　（　　　）

4. 玛丽的爸爸是白人，妈妈是黑人，她是一个混血儿。（　　　）

5. 小李家很贫穷，交不起学费。　　　　　　　　　（　　　）

6. 飞机价格非常昂贵，很少有人买得起。　　　　　（　　　）

7. 今天去京西饭店吃大闸蟹，我请客。　　　　　　（　　　）

8. 现在你可能还看不懂《红楼梦》，等你长大了再看吧。　　　　　　　　　　　　　　　　　　　（　　　）

9. 孩子不听话，妈妈生气地打他的屁股。　　　　　（　　　）

10. 这条江现在污染很厉害，已经没有鱼了。　　　　（　　　）

三 根据汉语相对、相反的表达习惯填空

1. _____ 一世，糊涂一时。

2. 他跑得上气不接 _____ 气。

3. 对不起，我是 _____ 口无心，我不是说你不好。

4. 他早就知道了，只不过睁一只眼，_____ 一只眼。

5. 听他说话真难受，_____ 一句没一句的。

6. 我看见一个人在门口东张 _____ 望。

7. 长江 _____ 浪推前浪。

8. 这支军队南征 _____ 战。

阅读训练

（一）

2016年，中国生产手机21亿台，其中广东生产手机排名第一，一共9.6亿台。重庆市生产手机2.87亿台，占全世界手机总产量的13.9%，排名第二。河南排名第三，生产了2.59亿台，全世界超过一半的苹果手机在河南生产。排名第四的贵州生产了1.3亿台。

广东是全球生产手机最多的地方，全球排名前五的手机三星、苹果、华为、OPPO、VIVO都跟广东有关。国产手机华为、OPPO、VIVO是"东莞制造"，三星手机在惠州有生产厂，而深圳是苹果手机重要的生产地之一。

（腾讯科技 2017-04-23）

一 根据课文选择正确答案

1. 这段文字主要介绍：
   A. 中国手机的技术　　　B. 中国手机的产量
   C. 中国手机的质量　　　D. 中国手机的价格

2. 2016年，中国生产手机：
   A. 2.56亿台　　　　　B. 2.87亿台
   C. 9.6亿台　　　　　　D. 21亿台

3. 2016年，重庆生产手机：
   A. 2.56亿台   B. 2.87亿台
   C. 9.6亿台   D. 21亿台

4. 苹果手机最大的生产地是：
   A. 广东   B. 河南
   C. 重庆   D. 贵州

5. 中国生产手机最多的地方是：
   A. 广东   B. 河南
   C. 重庆   D. 贵州

6. 广东手机重要的生产地没说到：
   A. 惠州   B. 深圳
   C. 东莞   D. 广州

二 复述课文

（二）

美国杜邦公司对人们最喜爱的汽车颜色进行了调查，调查显示，在差不多20年的时间里，绿色第一次成为人们最喜爱的颜色，超过了一直受到人们喜欢的白色。调查还显示，自然颜色，比如浅褐色和米色，也受到人们喜爱。浅褐色已经代替了白色，成为了豪华轿车最常用的颜色，很多中型轿车也选择这种颜色。

第十课　做买卖

一　根据课文判断正误

1. （　　）人们一直最喜欢绿色汽车。
2. （　　）浅褐色是一种自然颜色。
3. （　　）现在人们喜欢自然颜色的汽车。

二　复述课文

（三）

2017年11月11日凌晨零点，"2017年双11购物节"开始。28秒钟，淘宝网交易额超过10亿；3分01秒，交易额破百亿；13小时09分49秒，交易额达到1207亿元，破了2016年全天的交易额记录；到"双11"结束，淘宝一天的交易额达到1682亿。这一天产生的12亿个订单来自全球225个国家和地区。

（人民网IT频道　2017-11-12）

根据课文选择正确答案

1. 2017年11月11日这天产生的订单数是多少？
   A. 1682亿个　　　　　B. 225个
   C. 12亿个　　　　　　D. 没有说

2. "双11"交易额突破一百亿用了多长时间？
   A. 28秒钟　　　　　　B. 3分01秒
   C. 1天　　　　　　　D. 没有说

3. 2016年"双11"的交易额是多少？

    A. 1207 亿元   B. 100 亿元

    C. 1682 亿元   D. 没有说

4. 2016年"双11"的订单数是多少？

    A. 1682 亿个   B. 12 亿个

    C. 225 个   D. 没有说

（四）

男主人刚刚离开家去上班，一位卖书的商人就来敲门了。女主人把门打开，商人说："太太，我相信你一定需要买这本书，书名是《丈夫晚回家的五百种借口》。""我要这本书做什么？"商人说："我刚卖了一本给您的先生。"

一 根据课文选择正确答案

1. 谁先买了书？

    A. 女主人   B. 女主人的丈夫

    C. 书商   D. A 和 B

2. 商人说："我刚卖了一本给您的先生。"他的话是什么意思？

    A. 你的丈夫说这本书很好，所以你应该买

    B. 你丈夫买了，你也应该买

    C. 你丈夫会用书上的方法骗你，所以你需要

    D. 你丈夫刚才让我把书卖给你

二 复述课文

（五）

南大门市场有500年的历史，它是韩国最大、最老的市场。这是一个非常热闹的市场，约有2万多个小商店，出售的商品应有尽有。它最大的优点是价钱便宜。

在南大门市场，你耳朵里听到的都是"多少钱""再便宜点儿吧"这样的话，大家都在讨价还价。逛累了，就在路边的小吃摊吃点儿紫菜包饭、炸鱼丸汤等美味小吃。要去韩国购物，你一定要去那里。

一 根据课文选择正确答案

1. 南大门市场的特点是什么？
   A. 便宜　　　　　　B. 商品多
   C. 热闹　　　　　　D. 以上全部

2. "应有尽有"的意思是：
   A. 有一万种商品　　B. 卖各种的包
   C. 什么东西都有　　D. 又便宜又好

3. "讨价还价"的意思是：
   A. 讲价钱　　　　　B. 很便宜
   C. 多少钱　　　　　D. 价钱贵

4. 课文说到的小吃是什么？
   A. 紫菜包饭　　　　B. 炸鱼丸汤
   C. 韩国面条　　　　D. A 和 B

二 复述课文

补充阅读

一见钟情

　　一家公司调查了22个国家的6628位成年男女后发现，全世界有一半人有一见钟情的经验。调查显示，有35%的加拿大人有过一见钟情的经验；英国人有这种经验的有33%；美国人只有27%；墨西哥人一见钟情的最多，约70%；丹麦人和中国人一见钟情的有三分之二。全世界超过50%的成人表示他们有过一见钟情的经验。

　　一见钟情的人中，超过四分之一表示一见钟情最后的结果还是分手，20%的人士认为这种关系不会长久，有五分之一的人表示，一见钟情最后可以结婚。

根据课文填空

1. 这家公司调查了_____个国家。
2. _____%的加拿大人有过一见钟情的经验。
3. 一见钟情的人最多的国家是_____。
4. 中国人一见钟情的有_____。
5. 一见钟情的人当中，有_____认为最后可以结婚。

第十课　做买卖

看中国

练习要求

1. 说说你们国家大学校园内的交通问题是怎么解决的。

2. 你怎么理解"私下买卖"？在你们国家有没有"私下买卖"？"私下买卖"是怎么做的？

第十一课

课 文

你的性格怎么样

关键词：性格　脾气　血型

有研究表明血型不同的人，性格、脾气也不同。

A型血的人：性格温和，做事认真，有礼貌，能忍耐，谦虚，容易合作。

B型血的人：性格急躁，反应快，快乐，勇敢，坦率，对什么事情都有兴趣。

AB型的人：热情，细心，不爱出风头。他们做事很有计划，但没有毅力。性格有的像A型，有的像B型，不太容易了解他们。

O型血的人：性格外向，喜欢出风头，自信，喜欢交朋友。

生 词

1.	血型	（名）	xuèxíng	blood type 人类血液的类型
2.	忍耐	（动）	rěnnài	to bear 一般指不让自己的痛苦、愤怒表现出来
3.	急躁	（形）	jízào	quick-tempered 很容易着急、生气
4.	坦率	（形）	tǎnshuài	frank; open-minded 把真实的想法直接说出来
5.	毅力	（名）	yìlì	perseverance 克服困难坚持做一件事情，不放弃

一 根据课文选择正确答案

1. 谦虚的人，血型可能是：
   A. A 型   B. B 型
   C. AB 型   D. O 型

2. A 型血的人"容易合作"，"合作"的意思是：
   A. 一起做事   B. 非常合适
   C. 不太快乐   D. 喜欢发脾气

3. O 型血的人爱"出风头"，"出风头"的意思是：
   A. 容易生气   B. 喜欢交朋友
   C. 认真细心   D. 喜欢表现自己

4. 勇敢的人，血型可能是：
   A. A 型   B. B 型
   C. AB 型   D. O 型

5. 没有毅力的人，血型可能是：
   A. A 型   B. B 型
   C. AB 型   D. O 型

6. 对很多事情都感兴趣的人，血型可能是：
   A. A 型   B. B 型
   C. AB 型   D. O 型

二 复述课文

技 能

找出句子的主要部分（1）

主语、谓语和宾语是现代汉语句子的最主要的部分，除了主语、谓语、宾语以外，汉语还有定语、状语和补语，它们叫句子成分。有时候一个句子很长，我们在阅读的时候要找到句子最主要的部分，一般是主语、谓语和宾语，找到它们以后句子的意思就很容易明白了。来看下面的句子：

她戴帽子。
她昨天戴帽子。
她昨天戴了一顶帽子。
她昨天戴了一顶皮帽子。
她昨天戴了一顶红色的皮帽子。
她昨天戴了一顶在商店买的红色的皮帽子。
她昨天戴了一顶在商店买的红色的牛皮帽子。

句子最主要的部分是"她戴帽子"。主语一般是我们要说的那个东西，它常常在句子的前边，这里是"她"；谓语就是说主语怎么样了，这里是"戴"；宾语是谓语里那个动词控制的对象，一般是名词，这里是"帽子"；定语一般在主语和宾语前边，说主语和宾语是怎么样的，这里是宾语有定语，"一顶在商店买的红色的牛皮"；状语一般在动词前边，时间、处所状语可以放在主语前边，如"昨天"。

不是每个句子都有这些句子成分的，这个句子里就没有补语。我们在下一课会继续给大家说明。

我们来找找下面句子的主要部分。

练习

一 找出下面句子的主要部分

1. 穿着漂亮衣服的那个人是我们班的新老师。
2. 我下午买了一本很便宜、很有意思的历史书。
3. 他认真地复习上个星期学过的"把"字句。
4. 你右手旁边那个圆圆的、红红的开关坏了。
5. 孩子很快就找到了白头发老人说的那个地方。
6. 妈妈小声唱了一首很老的英文歌。
7. 学校外边的马路上停着几辆黑色的汽车。
8. 老师给我们的这本语法书很好。
9. 注意从前边来的那个穿绿衣服的男人。
10. 二十年以前我和弟弟去过的那个地方最近修了一座大桥。

二 填空，给下面句子填上合适的词语

1. _____ 热情地告诉我怎么去北京路。
2. 她 _____ 着一件漂亮的衣服。
3. 我下午要去图书馆借 _____ 。
4. 他问的 _____ 很奇怪。
5. 我回家的时候，同学们已经 _____ 了。
6. 我不喜欢看这种没有意思的 _____ 。
7. _____ 星期天不开门。
8. 他用了很长时间也没有做完课本上的 _____ 。
9. 两个 _____ 抓住了在公共汽车上偷钱包的小偷儿。
10. 他在商场二楼 _____ 了一台最新的照相机。

三 选择合适的词语填空

1. 妈妈病了，我有空的时候就去 _____ 她。（照顾、关心）
2. 北方过春节吃饺子，_____ 过春节吃年糕。（他们、南方）
3. 没事就多看看书，不要老是 _____。（读、玩儿）
4. 公司最近招收了很多新 _____。（工人、工作）
5. 太太在 _____ 晚饭，先生在看电视。（准备、预习）
6. _____ 出问题了，不能发电子邮件（e-mail）。（电话、电脑）
7. 请客人去茶楼喝茶是广东人的 _____。（习惯、方法）
8. 他刚才 _____ 了很多酒，现在醉了。（喝、倒）
9. 快点儿！不然我们赶不上那班 _____ 了。（电影、火车）
10. 学校里边的 _____ 比较干净，我们常常去那里吃饭。（饭店、宿舍）

阅读训练

（一）

公司让我去做马经理的秘书时我很怕，因为马经理脾气不好。不过我想，做秘书对我来说是个机会。我性格温和，跟人容易相处，相信能做好。

可我发现我错了，马经理不但常常发脾气，而且不讲道理，我不能忍受，决定辞职。同事们说，他们也不喜欢马经理。

但现在经济情况不太好,找工作难,忍耐一下算了。还有人说,他人不坏,就是脾气坏,拍拍马屁不就行了?

最后我还是离开了。听说马经理现在还是跟从前一样,一发脾气就骂人,我真高兴离开了那里。

一 根据课文选择正确答案

1. 跟"容易相处"中"相处"的意思最接近的是:
   A. 相信   B. 了解
   C. 处理   D. 接触

2. "马经理不但常常发脾气,而且不讲道理"中的"讲道理",意思是:
   A. 喜欢讲话   B. 教别人做事
   C. 做事合理   D. 态度温和

3. 跟"辞职"意思接近的是:
   A. 不再做这个工作了 B. 找工作
   C. 写报告   D. 太辛苦

4. 跟"拍拍马屁"意思最接近的是:
   A. 不跟他说话   B. 让他高兴
   C. 批评他   D. 忘记他

二 复述课文

（二）

一对非常相爱的夫妻中年以后出问题了，妻子经常为一些小事发脾气，不讲道理。丈夫觉得奇怪，就带妻子到一家医院看病。医生检查以后说，这是因为妻子的身体里缺乏一些营养。

医生说，女人常常缺乏维生素B6、B12、B1、锌，如果缺乏这些营养，性格就会改变，比如脾气急躁、容易激动、喜欢哭、记忆力不好等。

医生说，一般情况下如果女人特别爱发脾气，可能就是缺乏一些营养，应该马上去医院检查一下，有时候要吃一些药。

一 根据课文口头回答问题

1. 这对夫妻遇到什么情况？
2. 女性缺乏某些营养会怎么样？
3. 医生说如果女人特别爱发脾气，应该怎么做？

二 复述课文

（三）

友谊是人跟人的一种良好关系，如果有了真正的友谊，那么其他的各种关系，如父子、夫妇、兄弟这些关系都可以很好地建立起来。当然父子、兄弟关系不能选择，也不能改变；夫妇关系虽然可以选择，但不可以随便改变；朋友关系可以选择，也可以改变，但总是改变也不好。

有人说父子、夫妇、兄弟其实也是朋友关系。如果他是一个真正的好朋友，他一定也是一个好父亲、好儿子、好丈夫、好妻子、好哥哥、好弟弟。反过来也一样。

一 根据课文选择正确答案

1. 跟"友谊"意思接近的词是：
   A. 朋友　　　　　　B. 友情
   C. 友人　　　　　　D. 友爱

2. 作者认为不可以选择的关系是哪个？
   A. 父子　　　　　　B. 夫妇
   C. 兄弟　　　　　　D. A 和 C

3. 作者认为可以选择的关系是哪个？
   A. 父子　　　　　　B. 夫妇
   C. 朋友　　　　　　D. B 和 C

4. 作者认为所有关系其实也都是：

    A. 兄弟关系　　　　　　B. 夫妇关系

    C. 朋友关系　　　　　　D. 父子关系

 复述课文

（四）

美国心理学家进行了一项研究，他们发现成功的总统往往聪明、果断、外向、自信、有活力、有很好的判断力、喜欢了解和尝试新东西、不太容易跟别人合作、不喜欢接受别人的意见、不一定受欢迎、不一定很诚实。

那些亲切、认真、温和、坦率、谦虚、不喜欢自己解决问题、喜欢跟别人合作的"好好先生"总统，很多都不成功。

一 根据课文选择正确答案

1. 很温和的美国总统往往怎么样？

    A. 很多都很成功　　　　B. 喜欢了解和尝试新东西

    C. 很多不成功　　　　　D. 没有说

2. 很成功的美国总统往往怎么样？

    A. 自信　　　　　　　　B. 谦虚

    C. 亲切　　　　　　　　D. 坦率

3. 很成功的美国总统往往怎么样？
   A. 很愿意听别人的意见　　B. 不太容易跟别人合作
   C. 不喜欢自己解决问题　　D. 喜欢跟别人合作

4. "好好先生"的性格特点是：
   A. 有活力　　B. 外向
   C. 果断　　　D. 温和

二 复述课文

补充阅读

阿里郎

一对小夫妻很穷，但是很恩爱。丈夫为了让妻子过上好日子，就想外出打工挣钱，但妻子不让，说只要两人在

一起她就满足。但丈夫在一天夜里悄悄走了。

丈夫离开以后，村里的流氓常常来骚扰妻子。一年后丈夫挣了钱回来了，夫妻俩见面时流氓又来了。这时村里有人说妻子和流氓的闲话，丈夫起了疑心，以为妻子不贞，生气地走了。妻子在后面追，追不上了就唱歌。妻子唱出了对丈夫的爱和自己的委屈，最后丈夫感动了，二人恩爱如初，一起离开故乡去了京城，过上了幸福的生活。

《阿里郎》成为朝鲜半岛最经典的歌曲，成为民族音乐的代表。

根据课文判断正误

1.（　　）丈夫外出打工是为了妻子能过上好日子。
2.（　　）妻子支持丈夫离开家到外地去打工。
3.（　　）丈夫走了以后再没有回来。
4.（　　）丈夫第二次离开家是因为他觉得妻子做了不好的事。
5.（　　）妻子在追丈夫时唱了一首歌。
6.（　　）丈夫后来留下来和妻子一起在村子里生活。
7.（　　）《阿里郎》非常有名。

看中国

练习要求

1. 仿照照片中的文字，用"依法……""依法……是每个公民应尽的光荣义务"说几个句子。如：依法纳税；依法治国；依法纳税是每个公民应尽的光荣义务。

2. 你们国家的兵役制度是怎么样的？

第十二课

课 文

自己找工作

关键词：单位 职业 选择

中国人这几十年是这样选择职业的：

二十世纪五十年代，只要进了国企，就有了"铁饭碗"。只要没有特别大的问题，就不会被辞退。

六十年代到七十年代中期，当兵是最好的选择，因为那个时候除了军队以外，别的行业都不太好。

七十年代后期，中国的大学又开始招生了，只要进大学，国家就会给你一个"铁饭碗"，但那个时候只有很少的人可以考上大学。

八十年代以后，"铁饭碗"没有了，国企收入不多，也可以辞退工人了。很多人就去了外企，或者去当个体户。

九十年代以后，人们有了更多的选择。大学毕业生要自己找工作了，创业的人也多了。

二十一世纪，竞争越来越大，有不少人觉得政府、事业单位、国企工作稳定，希望去那里工作。

生词

1.	国企	（名）	guóqǐ	state-owned enterprise 国家拥有并经营的工厂、公司
2.	铁饭碗	（名）	tiěfànwǎn	iron rice bowl; a secure job 比喻稳定、长久的工作
3.	辞退	（动）	cítuì	to dismiss 不让他在这里继续工作了

4.	外企	（名）	wàiqǐ	foreign company 外国人在中国办的企业
5.	个体户	（名）	gètǐhù	self-employed businessman 自己做生意的人
6.	创业		chuàng yè	to start own business 开始自己的生意等
7.	竞争	（动）	jìngzhēng	to compete 为了自己的利益而和别人争胜
8.	事业单位		shìyè dānwèi	public institution 在中国是那些公共服务的部门和机构，带有政府工作性质

一 根据课文选择正确答案

1. 根据课文，80年代以前如果一个国企的工人工作不好，他：
   A. 会被工厂辞退　　B. 会被减少工资
   C. 要下海　　　　　D. 没有什么问题

2. "军队"跟下面哪个词有关系？
   A. 唱歌　　　　　　B. 种花
   C. 打仗　　　　　　D. 做生意

3. 根据课文，我们知道中国的大学：
   A. 70年代后期以前从没有招收过学生
   B. 70年代后期以前有一段时间没有招收学生
   C. 70年代后期到79年招收了学生
   D. 70年代后期以后才开始招收学生

4. 根据课文，我们知道 90 年代以前中国的大学生：
   A. 不喜欢国家给他们的工作
   B. 要自己找工作
   C. 很满意国家给他们的工作
   D. 国家一定会给他一个工作

5. 根据课文，中国大学生要自己找工作是：
   A. 60 年代以后   B. 70 年代以后
   C. 80 年代以后   D. 90 年代以后

6. 根据课文，中国上大学比较容易是什么时候？
   A. 60 年代   B. 70 年代
   C. 80 年代   D. 没提到

 复述课文

技 能

找出句子的主要部分（2）

上一课我们讲到怎样找出句子最主要的部分，在句子主要部分的前边常常有很多东西，它们有的时候很复杂，也很长。我们再来看上一课看到的句子：

第十二课　自己找工作

她戴帽子。
她昨天戴帽子。
她昨天戴了一顶帽子。
她昨天戴了一顶皮帽子。
她昨天戴了一顶红色的皮帽子。
她昨天戴了一顶在商店买的红色的皮帽子。
她昨天戴了一顶在商店买的红色的牛皮帽子。

我们知道句子最主要的部分是"她戴帽子"，句子的大概意思已经清楚了，而"一顶在商店买的红色的牛皮"就是定语，放在名词"帽子"前边，是说这个帽子是怎么样的，名词前常常可以加"的"字，也可以不加"的"，比如"中国汽车"里的"中国"，"新书包"里的"新"。另外，这个句子中，"昨天"是状语。我们再看一个例子：

她读书。
她大声地读书。
她在房间里大声地读书。
她晚上在房间里大声地读书。
她晚上一个人在房间里大声地读书。
她晚上一个人在房间里大声地读了三个小时书。
（晚上她一个人在房间里大声地读了三个小时书。）

我们知道句子最主要的部分是"她读书"，"晚上""一个人在房间里大声"是状语。状语在动词前边，是说怎么做这个动作，常加"地"字，如"大声地"。"三个小时"是补语，补语一般用来补充说明动作、行为的情况，比如怎么样、哪里、多长时间等，如"说得好"的"好"，"走出去"的"出去"，"读了三个小时"的"三个小时"。
我们来看看下面的练习。

139

练习

一 找出下面句子的主要部分

1. 男医生从最里边的房间慢慢地走出来。
2. 我哥哥爱人的妈妈明天去北京。
3. 他在新买的字典里查到了那个不认识的汉字。
4. 我放在桌子上的那些半黄半绿、有六个角的水果叫杨桃。
5. 我们下个星期六晚上在学校操场举行毕业晚会。
6. 这个孩子从昨天开始一直发烧。
7. 她很不高兴地说了一句谁也没有听清楚的话。
8. 他一个住在云南的小学同学最近买了一辆十万块钱的汽车。
9. 他们饭店的麻婆豆腐很好吃。
10. 二十年前我和妹妹生活过的那个小山村最近修了一条很长很长的路。

二 填空，给下面句子填上合适的定语或状语

1. 女儿＿＿＿＿＿复习＿＿＿＿＿生词。
2. ＿＿＿＿＿哥哥骑了＿＿＿＿＿自行车。
3. ＿＿＿＿＿电影很有意思。
4. 他＿＿＿＿＿买了＿＿＿＿＿字典。
5. 我＿＿＿＿＿吃了＿＿＿＿＿面包。
6. 他＿＿＿＿＿参加了＿＿＿＿＿比赛。
7. 儿子＿＿＿＿＿走了。
8. ＿＿＿＿＿山上长着＿＿＿＿＿树。
9. ＿＿＿＿＿司机讲了＿＿＿＿＿故事。
10. 爷爷＿＿＿＿＿打开＿＿＿＿＿盒子。

第十二课　自己找工作

三 把定语和状语放到合适的位置去

1. A 过年 B 吃饺子是 C 习惯 D。　　　　（中国人的）

2. A 他 B 爬 C 上了 D 树。　　　　　　（像猴子一样）

3. A 英语 B 不 C 标准 D。　　　　　　（我小学的时候学的）

4. 我 A 去 B 上海 C 找 D 工作。　　　　（一个人）

5. A 她 B 给我们 C 唱了 D 歌。　　　　（一首英文）

6. A 教室的 B 门 C 开了 D。　　　　　（慢慢地）

7. 我 A 听说 B 那 C 件事了 D。　　　　（已经）

8. A 那个人 B 好像 C 不会 D 说普通话。（开汽车的）

9. A 他 B 忘 C 了 D 生词。　　　　　　（昨天学过的）

10. A 他 B 拿起 C 那本书 D。　　　　　（生气地）

四 填空，给下面句子填上合适的补语

1. 树上掉 _____ 一个苹果。

2. 你说得 _____ 了！请说 _____。

3. 字太小，我看 _____，你能看 _____ 吗？

4. 我不知道好不好吃，所以只买了 _____。

5. 我今天看了 _____ 汉语书，累 _____ 了！

6. 他做 _____ 作业就去打球了。

7. 老师从书包里拿 _____ 一本书。

8. 十年后我回到以前的学校，看到门口那棵树长 _____ 了。

9. 我给快递小哥打电话，问他为什么我买的东西还没有送 _____。

10. 爷爷的房间打扫得 _____。

五 扩展句子

他参观工厂。

1. _____工厂。
2. _____工厂。
3. _____工厂。
4. _____工厂。
5. _____工厂。

阅读训练

（一）

韩国目前约有102万名公务员，占全国人口的2.2%。韩国公务员分政务级公务员和一般公务员两类。政务级为次官（副部长级）以上的高级官员，有总统、总理、副总理、长官（部长）和次官（副部长）5个级别；一般公务员包括室长（地位高于局长）、局长及其以下中低级官员，分为9个级别，一级为最高级，九级为最低级。

根据课文选择正确答案

1. 一百个韩国人中大约有多少公务员？
   A. 一百个　　　　　　　B. 二十个
   C. 五个　　　　　　　　D. 两个

2. 韩国公务员有：

　　A. 两类　　　　　　　B. 三类

　　C. 四类　　　　　　　D. 五类

3. 韩国高级官员分为几级？

　　A. 两级　　　　　　　B. 三级

　　C. 五级　　　　　　　D. 九级

（二）

得到一个高薪职位要注意三点：

第一，要有实力，实力就包括你的学历、知识、经验。

第二，要相信自己，要有梦想。

第三，要会包装自己、推销自己，把自己当一个商品推销出去。

另外，高薪职位还有几个问题要问答：你对要去的那个单位是不可缺少的吗？没有你他们的业务就不可以开展吗？

如果缺少你，那个单位就不能工作或者工作得不好，你就可以得到一个高薪职位。

根据课文填空

1. 实力就包括你的学历、_____、_____。
2. 要会_____自己、_____自己，把自己当一个_____推销出去。

3. 如果 _____ 你，那个单位就不能工作或者工作得不好，你就可以得到一个 _____。

（三）

目前英国收入最高的三种职业是：金融经理和公司经理，他们的年平均收入六万英镑；医生，平均年收入五万英镑；律师，平均年收入在四万英镑左右。最优秀的金融经理、公司经理、医生和律师年收入都在一百万英镑以上。

英国中低工资行业的年收入在两万英镑到四万英镑之间。这些职业是：接生员、图表设计师、社区工人、护士、秘书、空姐、邮递员、牧师、厨师、理发师。收入最低的是保洁员，他们的年平均收入只有一万英镑。

一 根据课文选择正确答案

1. 在英国，收入高的是：
   A. 金融经理、医生、护士
   B. 金融经理、医生、律师
   C. 金融经理、医生、空姐
   D. 空姐、厨师、理发师

2. 在英国，律师和大夫比，他们的收入情况怎么样？
   A. 律师收入高
   B. 大夫收入高
   C. 差不多
   D. 没有说

3. 哪些职业收入是中低水平？

　　A. 经理　　　　　　B. 秘书

　　C. 空姐　　　　　　D. B 和 C

4. 文章没有说到的职业是：

　　A. 在飞机上工作的人　　B. 出租汽车司机

　　C. 在医院工作的人　　　D. 在公司工作的人

5. 跟"保洁员"意思接近的是：

　　A. 保安员　　　　　B. 售票员

　　C. 清洁工　　　　　D. 护士

二 复述课文

（四）

有人说现在中国中产阶级应该是这样的：

1. 个人年收入 50 万元以上。

2. 在一线城市有不错的房子，有一辆价钱不低的汽车。

3. 爱运动，至少有一张健身卡或者高尔夫球俱乐部会员卡，有骑马、潜水、登山、滑雪等运动的特长。

4. 每年都在国内外旅游几次。

5. 业余生活丰富，比如看芭蕾舞、听音乐会、看画展，没事也会在家里喝点红酒、品品普洱茶。

6. 有名牌大学的学历。

7. 有国际视野，常常在谈话中对比中外文化。

8. 穿衣有品位，懂得什么场合穿什么衣服。

9. 有一件很时尚的电子产品。

10. 有道德、有礼貌、有素质。

（根据《百家号》《投资与理财》编写）

一 根据课文判断正误

1. （　） 中国中产阶级都有自己的汽车。
2. （　） 中国中产阶级没有时间旅行。
3. （　） 中国中产阶级不关心科技产品。
4. （　） 中国中产阶级不只关心赚钱。
5. （　） 中国中产阶级会去听音乐会。
6. （　） 中国中产阶级不关心流行的文化。
7. （　） 中国中产阶级喜欢对比中外文化。
8. （　） 中国中产阶级受过较好的教育。
9. （　） 中国中产阶级了解国外的事情。
10. （　） 中国中产阶级不太爱运动。

二 说说中国的"中产阶级"是什么样的

补充阅读

我和徐志摩

在我们初次见面的时候，我早已同别人结婚了，但我是一个不快乐的人。一直到认识了志摩，他那种真情，使我的生活改变了方向——我们恋爱了。于是烦恼与痛苦也跟着一起来了。

后来我离了婚到北京来找志摩，以后的日子中我们的快乐就别提了，我们从此走入了天国，踏进了乐园。一年后在北京结婚，一同回到家乡，过了几个月神仙般的生活。过了不久，我们因为兵灾搬到上海来，在上海几个月后我病了，几年都没好，志摩得不到我半点的安慰，至今想来我是最对不起他的。好容易经过各种的医治，我才有了康复的希望，正预备全家再搬回北平时，他就不幸出了意外，他乘着清风飞到云雾里去了。这一下完了他——也完了我。

（改写自陆小曼《寂寞烟花梦一朵》，陕西师范大学出版社，2007）

根据课文回答问题

1. "我"认识徐志摩的时候生活是怎么样的？

2. "我"和徐志摩结婚后的生活是怎么样的？

3. "我"为什么觉得对不起徐志摩?

4. 徐志摩的意外可能是什么?

看中国

练习要求

1. 仿照照片中的文字,用"选拔"组几个词组,例如:选拔人才。
2. 说说你知道的"汉语教师志愿者"和"孔子学院"。
3. 说说你对到国外工作的看法。

第十三课

课　文

回到学校

关键词：贫困　失学　文盲

中国是世界上最大的发展中国家，经济发展不平衡，在教育方面，城市的条件不错，农村和贫困地区的条件就比较差。由于没有钱，很多中小学生在破旧的房子里上课。也有一些中小学生因为贫困辍学，变成新的文盲。

1989年10月，团中央发起了"希望工程"，希望全社会都来帮助贫困儿童回到学校继续学习，改善贫困地区学校的办学条件。比如在北京，你捐款四百元人民币，就可以帮助一名失学儿童继续学习一年。在广东，你捐款二十万元人民币就可以建一所用你的名字命名的"希望小学"。

　　到2016年，希望工程共收到捐款129.5亿元，建立希望小学19388所，帮助大中小学生553.6万人。

生 词

1.	平衡	（形）	pínghéng	balanced 平均，差不多的
2.	贫困	（形）	pínkùn	badly-off; poor 没有钱的
3.	辍学		chuò xué	school dropout 停止在学校学习
4.	文盲	（名）	wénmáng	illiteracy 不会读书写字的成年人
5.	发起	（动）	fāqǐ	to sponsor 开始做一件事情
6.	改善	（动）	gǎishàn	to improve; to be better 变好
7.	办学		bàn xué	to set up a school 开办学校
8.	捐款	（动/名）	juān kuǎn/juānkuǎn	to donate 把钱给需要帮助的人 / donation 给需要帮助的人的钱

第十三课　回到学校

专有名词

1.	团中央	Tuán Zhōngyāng	Central Committee of the Communist Youth League 中国共青团中央
2.	希望工程	Xīwàng Gōngchéng	the Hope Project 团中央发起的一个助学计划

一 根据课文判断正误

1.（　）中国农村的中小学没有城市的中小学好。
2.（　）中国没有孩子因为钱的问题不能上学。
3.（　）中国有很多孩子不会看书写字。
4.（　）"希望工程"是 1980 年开始的。
5.（　）"希望工程"就是要大家捐二十万元人民币。
6.（　）在北京，你只要捐 400 元就可以帮助一个孩子继续上学。
7.（　）在广东，你只要捐 20 万元就可以建一所希望小学。
8.（　）"希望工程"只帮助中小学的学生。

二 说说"希望工程"是什么

技　能

找出句子主要部分（3）

有时候你看到一个很长的句子，里边有很多词你不明白，其实你不用担心，很多时候你不一定要知道每个词的意思，只要你知道这个句子最主要的部分是什么意思就可以了。比如：

他非常细心，对什么事情都一丝不苟，事必躬亲。

我们可能不知道"一丝不苟""事必躬亲"是什么意思。其实，我们只要知道这句话最主要的部分是"他非常细心"就够了，后面的"一丝不苟""事必躬亲"是具体说明他怎样"细心"的，不知道问题也不大。

还有，有些句子很长，还举了很多例子，其实不知道例子中的部分内容也没有太大问题。比如：

动物园有很多动物，有蜥蜴、麋鹿、狐狸、鬣狗，还有蟒蛇、鹦鹉、鹈鹕等。

这句话最主要的部分是"动物园有很多动物"，后面的"蜥蜴、麋鹿、狐狸、鬣狗、蟒蛇、鹦鹉、鹈鹕"我们可能不知道具体是什么动物，但我们只要知道它们是一些动物也就可以了，在阅读的时候不必花太多时间搞清楚它们的意思。

我们来看一看下面的句子吧。

 练习

一 请找出下面句子的主要部分

1. "近水楼台先得月，向阳花木易为春"，他认识王经理，当然比我们早知道这件事。
2. 我的电脑有点儿问题，系统不稳定，显示器变色，CPU 的风扇有时候也不转。
3. 春节时中国人有很多庆祝活动，比如舞狮、耍龙、扭秧歌、放鞭炮等。

4. "吃一堑长一智",我现在知道自己错了,我以后会做好的。

5. "少壮不努力,老大徒伤悲",年轻的时候不好好学习,长大了就后悔了。

6. 现在常见的汉字字体有楷书、草书、行书、小篆、隶书五种。

7. 我很喜欢这个干净、安静、明亮、舒服、凉快的房间。

8. 花园里种着很多花:茶花、玫瑰、牡丹、菊花、杜鹃花——漂亮极了。

9. 这台电冰箱样子好看,价钱便宜,放的东西多,用电比较少,我很满意。

10. 老师们都喜欢这个聪明、美丽、努力、有礼貌、爱笑的韩国姑娘。

二 用一个词来回答问题

1. 他的性格非常好,宽容、乐观、正直、慷慨。
   他的性格怎么样?(　　　)

2. 她喜欢花,家里的阳台上、门外边、桌子上、厨房、卫生间到处都有花。
   她家哪儿有花?(　　　)

3. 汉语一般有主语、谓语、宾语、定语、状语、补语六种句子成分。
   主语、谓语、宾语、定语、状语、补语是什么?(　　　)

4. 她退休以后养花、跳舞、画画儿、旅行,生活丰富极了。
   她退休以后的生活怎么样?(　　　)

5. 吸烟、喝酒、迟到、早退、旷课这些毛病他都有。
   他有什么?(　　　)

6. 这个国家生产很多高级汽车,例如奥迪、奔驰、宝马等。
   奥迪、奔驰、宝马是什么东西?(　　　)

阅读训练

（一）

韩国三星公司从2005年起一直关心中国的"希望工程"，到目前为止已在中国援建了149所希望小学。

2013年以后，三星（中国）公司还开始在三星希望小学配备"智能教室"，为他们提供最新电脑以及网络智能化装备。

三星（中国）公司的"三星梦想课堂"活动每年在假期把三星希望小学的学生带到省城，在大学生志愿者的指导下，用两周时间学习电脑、天文、自然等方面的知识，并且参观科技馆、博物馆、航天城、动物园等。2015年的梦想课堂有80所三星希望小学的1222名孩子参加了活动。

（摘自中国青少年发展基金会主页 2015-05-01）

一 根据课文填空

1. 三星公司到目前为止已在中国_____了149所希望小学。
2. 三星公司为三星希望小学提供最新电脑以及_____。
3. 用两周时间学习_____、_____、_____等方面的知识，并且参观科技馆、_____、航天城、_____等。

二 根据课文口头回答问题

1. 韩国三星公司为希望工程援建了多少小学？
2. 韩国三星公司只是捐款建学校吗？他们还做了什么？
3. 韩国三星公司的"三星梦想课堂"是一个什么样的活动？

（二）

爱迪生（Thomas Alva Edison）从小就对身边的事情很好奇，什么事都喜欢多问几个为什么。7岁时，爱迪生上学了，他还像以前一样爱问为什么。老师教大家2＋2＝4，他就要问为什么2加2要等于4。虽然老师回答他了，可他还是不满意。老师骂他笨，要他退学。就这样，一个伟大的发明家只上了3个月的学就辍学了。

就是这个老师眼里的笨学生，从1869年到1910年就有1325个发明，平均每10多天就有一个，其中包括电灯、留声机、复印机这些人类最重要的发明。

一 根据课文选择正确答案

1. 爱迪生上过什么学？
    A. 大学　　　　　　　　B. 中学
    C. 小学　　　　　　　　D. 没有说

2. 爱迪生离开学校是因为什么？
    A. 老师觉得他笨　　　　B. 他觉得老师笨
    C. 他没有钱交学费　　　D. 没有说

3. 爱迪生跟别的孩子比最大的特点是：
    A. 聪明　　　　　　　　B. 笨
    C. 喜欢问问题　　　　　D. 喜欢数学

4. 爱迪生的 1325 个发明是在多长时间里完成的？

A. 42 年　　　　　　　B. 32 年

C. 22 年　　　　　　　D. 没有说

5. 爱迪生的发明不包括：

A. 电灯　　　　　　　B. 留声机

C. 复印机　　　　　　D. 电视机

二 复述课文

（三）

在中国，很多人觉得孩子考上大学才是成功，不上大学就是不成功，这是不对的，其实每个职业都有人才，做什么职业都可以成功。

看看发达国家的情况，在德国、瑞士的中学生中，70% 进职业学校，30% 上大学。加拿大把专业人才分为 8 千种，其中需要大学生的还不到三分之一。中国是发展中国家，经济水平跟发达国家比还差得很远。以前常常说中国的大学生比发达国家少，其实中国工人、农民的技术水平更低，很多企业的产品质量不好，不是设计问题，而是工人的技术问题。

一 根据课文判断正误

1. (　　) 只有大学生是人才。

2. (　　) 中国的大学生没有发达国家的好。

3. (　　) 发达国家做什么工作都需要大学生。
4. (　　) 中国工人的技术水平没有发达国家高。
5. (　　) 大部分德国人能够上大学。
6. (　　) 中国工人的技术水平影响了产品质量。

二 复述课文

（四）

1962年初，著名的史学家雷海宗教授给我们上课。上课那天，我早早来到教室，选了个好座位。上课了，只见一个小老头儿拄着拐杖，一步一步地慢慢走进教室，吃力地坐在讲台后的一把椅子上。

37年过去了，老师讲的什么我早就忘了，只记得他上课什么也不带，可是对历史、人物、地名、年代都十分熟悉。外文极好，一会儿是希腊文，一会儿又讲一个词语怎么从希腊文变为拉丁文、英文的，斯拉夫语有什么特点。

他很幽默，上课时说我们不少人是"高级文盲"。他说："你们虽然是大学生，但不懂汉语拼音，不是'高级文盲'吗？"当时我们真的不会新的汉语拼音，大家都笑了。

可惜的是，给我们上课后不久，雷海宗先生就去世了。死后第二天，《天津日报》登了一个几行字的消息。

（摘自肖黎《最后的一课》）

一 根据课文选择正确答案

1. 雷海宗教授的身体怎么样?
    A. 可能不好   B. 很健康
    C. 只是腿有问题   D. 不知道

2. 雷海宗教授多少岁?
    A. 大概 63 岁   B. 大概 37 岁
    C. 大概 90 多岁   D. 没有说

3. 雷海宗教授的课怎么样?
    A. 我们听不懂   B. 我们不喜欢上
    C. 我们喜欢上   D. 不知道

4. 雷海宗教授:
    A. 是研究外语的   B. 是研究历史的
    C. 外语很好   D. B 和 C

5. "大家都笑了"是因为:
    A. 雷海宗教授的英文好
    B. 雷海宗教授的汉语拼音好
    C. 雷海宗教授说我们不会写汉字
    D. 雷海宗教授说我们是"高级文盲"

6. 雷海宗教授会的外文,没提到的是:
    A. 英文   B. 希腊文
    C. 拉丁文   D. 日文

7. "我"写文章的时候可能：

A. 60 岁左右　　　　B. 37 岁

C. 90 岁左右　　　　D. 20 多岁

8. 文章的作者对雷海宗教授的态度是：

A. 冷淡的　　　　　B. 怀念的

C. 客气的　　　　　D. 兴奋的

二 复述课文

补充阅读

云南的马

云南的山区以前交通特别不好，没有公路，20世纪50年代以前大部分东西都要用马来运。马帮就是运东西的队

伍，好像今天的运输公司。

运东西的马上路后跟人过着差不多一样的生活。马一天也是吃三餐，早上赶马人把它们从山上叫下来，随便给它们吃一点儿东西就走了，中午比早上多吃一点儿，晚上吃得更多。

马晚上好像不睡觉的样子，但睡不好觉就不会长命，所以马到了十七八岁就不行了，因为它们一天到晚背着东西走路，比人辛苦多了。

马从早到晚都是站着的。它们真的躺下的时候，就是它们快不行了。

（摘自李旭《遥远的地平线》，云南人民出版社，1999年）

根据课文回答问题

1. 马帮是什么？在哪里？

2. 介绍一下马怎么吃东西。

3. 马躺倒的时候可能会怎么样？

4. 为什么作者说马"比人辛苦多了"？

看中国

练习要求

1. 仿照照片中的文字，用"……，人人有责"写一个标语，如"爱护花草，人人有责"。
2. 说说你们国家小学生上学的情况。

第十四课

课 文

旅行要注意什么

关键词：旅行　注意

1. 旅行时要带上一些常用药，如果遇到小病、小伤你可以自己处理。

2. 旅行有时会经过一些危险的地方，你最好不要一个人去。

3. 保管好自己的护照和钱财，不要丢了，不要被小偷儿偷了。

4. 如果长时间旅行或者到国外旅行，最好每天跟家人联系，告诉他们你在哪里。

5. 晚上不要太晚回宾馆，出门时带上有宾馆地址和电话的小东西，这样你就不会迷路了，别人也容易帮你。

6. 如果发生什么事情应该马上报告警察。如果在外国，要马上报告大使馆或领事馆。

7. 不管在什么时候什么地方都要有礼貌，都要遵守法律和规定。

8. 爱护环境。旅游者应该爱护环境，爱护文物古迹。

9. 每个国家、民族都有不同的宗教信仰和风俗习惯，我们一定要尊重。

10. 旅行时可以品尝到各个地方的美食，但是要注意卫生。

生 词

1.	伤	(名)	shāng	wound 身体的一个地方被弄破，弄坏了
2.	保管	(动)	bǎoguǎn	to keep and look after (sth.) 把物品放好，让它得到比较好的保护
3.	小偷儿	(名)	xiǎotōur	thief 非法、秘密地把别人的东西拿走的坏人
4.	遵守	(动)	zūnshǒu	to abide by 按照（法律、规定）要求去做
5.	法律	(名)	fǎlǜ	law 立法机关制定的，由国家强制执行的规定
6.	文物古迹		wénwù gǔjì	cultural relic and place of historical interest 老的，有历史意义的东西和地方
7.	宗教	(名)	zōngjiào	religion 一种信仰，如基督教、天主教、伊斯兰教、佛教等
8.	信仰	(名)	xìnyǎng	faith; belief 特别相信的一种（政治、宗教）观念
9.	尊重	(动)	zūnzhòng	to respect 很客气地对待（人或事情）

根据课文判断正误

1. （　）旅行时一个人走比较安全。
2. （　）有人可能会偷你的护照和钱。
3. （　）带着宾馆的地址和电话就可以很晚回宾馆。
4. （　）有事找警察。
5. （　）长途旅行时应该常常跟家里联系。
6. （　）不要做违反法律和规定的事。

7.（　　）要爱护文物古迹。

8.（　　）在外面旅行可以随便吃各地美食。

技　能

关联词语

　　关联词语就是把两个小分句（像一个小句子）连在一起，说明这两个分句有什么关系的词。一般我们知道的"虽然……，但是……""因为……，所以……""不但……，而且……""如果……，……"就是关联词语。了解关联词语的意思对阅读是很有帮助的。如果我们明白关联词语的意思，就可以很快知道句子的主要意思。汉语里，关联词语是非常重要的，但是，关联词语也不是一定要用的，比如"（如果）他去我（就）不去"；配对的关联词语也可以只用一个，比如"（因为）下雨了，所以我不去了"。

　　好，我们来看看下面的练习。

一 口头回答问题

1. 因为他以前住在那里，所以很了解那里的风俗习惯。
   问：他为什么很了解那里的风俗习惯？

2. 我说你的水平可以参加比赛，但是没有用，只有王主任说可以才可以。
   问：你去参加比赛需要谁同意？

3. 这个地方除了夏天有几个月暖和一点儿以外,其他的季节都比较冷。
   问:这个地方秋天天气怎么样?

4. 虽然他已经离开家乡四十多年了,但是他的口音一点儿也没有改变。
   问:他离开家乡四十多年,口音怎么样?

5. 不论是晴天还是雨天,他每个星期天都要去爬白云山。
   问:他什么时候爬山?

6. 他一把爸爸送上去南京的火车就开车找他的同学打球去了。
   问:他什么时候找同学打球?

7. 除了洗衣服、做饭、打扫房间以外,她每天还要接送孩子上学下学。
   问题:她每天的工作是什么?

8. 跟你说了这么多次,你要是再抽烟的话,以后就不要和我们一起玩儿了。
   问:在什么情况下你不能和我们一起玩儿了?

9. 你只要顺着长安街一直往前走,就一定能走到天安门广场。
   问:怎么去天安门广场?

10. 她画的画儿不但教她的老师说好,而且不认识的人也说好。
    问题:她画的画儿怎么样?

二 选择合适的关联词语填空

A. 要是……(的话),就……　　B. 因为……,所以……
C. 一……就……　　　　　　　D. 除了……以外,也/还……
E. 除了……以外,都……　　　F. 虽然……,但是……
G. 只要……,就……　　　　　H. 只有……才……
I. 不论……还是……,都……　J. 不但……,而且……

1. _____ 老师认真地回答了他的问题，_____ 他还是不明白。

2. _____ 去过一次美国 _____，别的国家他 _____ 没去过。

3. _____ 开始的时候他没有去医院看病，_____ 现在病得很厉害。

4. 他找的人 _____ 这里的小孩儿不认识，_____ 在这里住了几十年的老人也不知道。

5. _____ 你想冬天到大海游泳 _____，_____ 去海南岛吧。

6. 在中国 _____ 年满18周岁，_____ 可以当兵。

7. _____ 日语 _____，他 _____ 会韩国语。

8. 您 _____ 是买火车票 _____ 买飞机票，我们 _____ 可以免费给您送票。

9. 不用担心，_____ 你好好复习，_____ 一定能考好。

10. 他 _____ 下课 _____ 回家了。

阅读训练

（一）

外国人眼中的中国40个最美景点：

1	安徽宏村	门票：104元/人
2	安徽黄山	门票：230元（3-11月）/人；150元（其余时间）/人
3	福建武夷山	门票：140元/人；漂流100元/人次

167

4	福建霞浦	免费
5	甘肃敦煌鸣沙山月牙泉	门票：120元（1-11月）/人；60元（其余时间）/人
6	广东开平碉楼	根据个人情况决定参观的地方，有需要门票的景点，也有免费的景点
7	广西阳朔	根据个人情况决定参观的地方，有需要门票的景点，也有免费的景点
8	贵州黄果树瀑布	门票：180元（3-10月）/人；160元（其余时间）/人
9	海南南山海上观音像	门票：150元/人
10	海南亚龙湾	免费
11	河北承德避暑山庄	门票：120元/人
12	哈尔滨圣·索菲亚大教堂	门票：15元/人
13	河南龙潭大峡谷	门票：70元/人
14	湖北恩施大峡谷一炷香	门票：120/人
15	湖北神农架	门票：100元/人
16	湖南凤凰岭	门票：148元/人
17	湖南张家界	门票：248元/人
18	内蒙古响沙湾	门票：120元/人
19	江苏梵宫	门票：210元/人

20	江西庐山	门票：180元（4-10月）/人；135元（其余时间）/人
21	江西婺源	门票：180元/5天/人
22	吉林长白山天池	门票：120元/人
23	西藏布达拉宫	门票：100元/人
24	辽宁本溪水洞	门票：195元/人
25	辽宁金石滩	门票：100元/人
26	宁夏沙湖	门票：60元（11-3月）/人；80元（其余时间）/人
27	青海湖	根据个人情况决定参观的地方，有需要门票的景点，也有免费的景点
28	西安城墙	门票：40元/人
29	山东青岛栈桥	免费
30	山西黄河壶口瀑布	门票：90元/人
31	山西云冈石窟	门票：150元/人
32	四川海螺沟	门票：国家公园70元/人；温泉120元/人
33	四川九寨沟	门票：310元（4月1日-11月15日）/人；160元（其余时间）/人
34	新疆喀拉库勒湖	免费
35	新疆那拉提草原	免费
36	云南大理崇圣寺	门票：121元/人

37	云南香格里拉普达措国家公园	门票：190元/人
38	浙江楠溪江	漂流：30-73元不等
39	浙江千岛湖	根据个人情况决定参观的地方，有需要门票的景点，也有免费的景点
40	浙江云和梯田	门票：80元/人

（新浪新闻　2017-08-17）

根据课文填空

A. 填写门票价格

1. 安徽黄山的门票是 _____ 元/人。

2. 西安城墙的门票是 _____ 元/人。

3. 河北承德避暑山庄的门票是 _____ 元/人。

4. 西藏布达拉宫的门票是 _____ 元/人。

5. 江西庐山的门票是 _____ 元/人。

6. 湖北神农架的门票是 _____ 元/人。

7. 云南大理崇圣寺的门票是 _____ 元/人。

8. 黄河壶口瀑布的门票是 _____ 元/人。

B. 填写免门票的景点

1. _____ 霞浦

2. _____ 亚龙湾

3. 新疆那拉提 _____

4. 山东青岛 _____

C. 填写门票有变化的景点

1. ＿＿＿＿＿＿＿ 九寨沟
2. ＿＿＿＿＿＿＿ 沙湖
3. ＿＿＿＿＿＿＿ 黄果树瀑布
4. ＿＿＿＿＿＿＿ 庐山

（二）

客厅里的好朋友不一定就是旅行的好伴侣，理想的旅伴必须要有很多条件：

不能太脏，如果一个人十天半个月不洗澡，脏得像个要饭的叫花子那一定不好；可一个人也不能太爱干净，如果一个人有洁癖，这也嫌脏，那也嫌脏，24小时都在擦洗东西，那也太难受了。

他不能太严肃，好像一个木头人，那太闷了；也不能太啰唆，一天到晚叽叽喳喳。

他不能太狡猾，也不能太笨。

他要有说有笑，有静有动，静的时候能一声不响地陪着你看云听雨，动的时候能像一只兔子在草地上跳！

这样的旅伴哪里去找呢？

（根据梁实秋《旅行》改写）

一 根据课文选择正确答案

1. 文章中的"旅伴"意思是:
   A. 旅行中新认识的朋友 B. 跟你一起旅行的朋友
   C. 导游 D. 男朋友或者女朋友

2. "叫花子"的意思是:
   A. 在外边跟别人要钱要东西的人
   B. 不喜欢洗澡的人
   C. 衣服很脏的人
   D. 喜欢去饭店吃饭的人

3. "洁癖"的意思是:
   A. 脾气不好 B. 喜欢说别人不好
   C. 喜欢洗东西 D. 过分地爱干净

4. "一天到晚叽叽喳喳"中"叽叽喳喳"的意思是:
   A. 喜欢吃东西 B. 不停地说话
   C. 批评别人 D. 喜欢唱歌

5. 文章用什么来比喻严肃的人?
   A. 云 B. 雨
   C. 木头人 D. 兔子

 复述课文

（三）

到北京不能不去长城，到菲律宾也不能不去长滩岛（Boracay），于是，在要离开菲律宾的最后日子里，决定去一次。

长滩岛的海滩真漂亮！沙细水清，又长又宽，向大海走好远水也不太深。

长滩岛跟我去过三次的薄荷岛（Bohol）不同，薄荷岛的美在安静，在古老的历史，在那些自由的海豚。

长滩岛很热闹！几公里的海滩就是一条商业街。商店、饭店、宾馆一家接一家。白天街上挤满了各种肤色的游客和做生意的人。太阳下山后，海边一下子就变成热闹的酒吧、舞厅，劲歌热舞一直到深夜。

（改写自雨那味博客）

一 根据课文选择正确答案

1. "我"去长滩岛可能是因为长滩岛：

   A. 漂亮　　　　　　　B. 好玩儿
   C. 像长城　　　　　　D. 有名

2. 跟长滩岛比，哪个不是薄荷岛的优点：

   A. 安静　　　　　　　B. 古老的历史
   C. 漂亮的海滩　　　　D. 自由的海豚

3. 长滩岛给"我"最大的感觉不包括：

　　A. 热闹　　　　　　　　B. 漂亮的海滩

　　C. 美食　　　　　　　　D. 夜生活丰富

4. 最后一句话中"劲歌"的意思是：

　　A. 好听的歌曲　　　　　B. 速度快、声音大的歌曲

　　C. 外国歌曲　　　　　　D. 欢乐的歌曲

二 复述课文

（四）

　　参加工作那年冬天，我坐火车从承德到石家庄，钱包被偷了，没钱买吃的，火车要走十三个小时，我又冷又饿，也睡不着。

　　对面来了一个女孩儿，我跟她说话，知道她叫文，在北师大读书，这次去石家庄找同学。她吃方便面时问我："你吃吗？我这儿还有一块儿。"她边说边把面拿出来给我。我红着脸告诉她："我钱包丢了，今天一天没吃饭，真的饿死了。"到了石家庄我把她送到同学处。从此，我们开始写信。半年后，她毕业了，在深圳一家大公司有个工作，她没去，为了我，她到石家庄南边一个小城市当了老师，我常利用星期天坐火车去看她，每次分开时她都把我送到车上。

5年后我们结婚了。结婚那天，文送给我一个漂亮的盒子。打开盒子，里面是99张站台票，我眼睛红了，99张站台票就是99个美丽的故事。

（根据胡小眸《九十九张站台票》改写）

一 根据课文选择正确答案

1. 我和文是在哪里认识的？
   A. 石家庄　　　　　　B. 大学里
   C. 火车上　　　　　　D. 承德

2. 我一天没吃饭是因为：
   A. 我不喜欢吃火车上的东西　　B. 我只喜欢吃方便面
   C. 我没钱买吃的　　　　　　D. 我知道会有人给我方便面

3. 文的家在哪里？
   A. 承德　　　　　　　B. 北京
   C. 石家庄　　　　　　D. 不知道

4. 文大学毕业后去了哪里工作？
   A. 学校　　　　　　　B. 站台
   C. 深圳　　　　　　　D. 不知道

5. 你觉得文章：
   A. 很严肃　　　　　　B. 很感人
   C. 很兴奋　　　　　　D. 很幽默

二 复述课文

补充阅读

粥味人生

我一向喜欢吃粥。在外国,早餐是咖啡面包。在香港家里,母亲早上都会煮粥。母亲年轻时在广州念书,吃过当地的艇仔粥。二十世纪五六十年代在香港,大家都有上街买云吞面或艇仔粥当宵夜的习惯。

在外国读书,最怀念的就是香港的粥。我还记得猪红粥,闻起来味道不怎么样,吃起来却非常可口。可惜因为卫生的关系,现在都不让卖了。以前流行的是艇仔粥和及第粥,现在这两种粥都不多了,很多人爱吃能下火的皮蛋瘦肉粥,大概因为火气大的人越来越多了吧。

(改写自也斯《人间滋味》,中国人民大学出版社)

根据课文回答问题

1. 说说文章里出现了几种粥。

2. 说说二十世纪五六十年代香港人的宵夜是什么。

3. 皮蛋瘦肉粥的流行可能是什么原因?

4. 根据文章说说作者的家庭情况和个人经历。

看中国

练习要求

1. 仿照照片中的文字,用"抓、防、保、促"分别造一个句子。
2. 你最喜欢去什么样的地方旅行,为什么?

第十五课

课 文

南甜北咸东酸西辣

关键词：口味 鲜 糖醋 腻 淡 麻辣

中国各个地方的口味不一样，菜也不一样。中国最有名的"八大菜系"是：

一、山东菜。山东菜是北方菜的代表。山东菜口味有点儿咸，有鲜、嫩、香、脆的特色。如：糖醋黄河鲤鱼。

二、四川菜。川菜可能是中国最受欢迎的菜,麻辣是它的一个特色。如:麻婆豆腐。

三、江苏菜。重视菜汤的味道。如:鸡汤煮干丝。

四、浙江菜。特点是鲜、嫩,不腻。如:西湖醋鱼。

五、广东菜。特点是淡、脆、鲜,注意菜本来的颜色和味道。如:白切鸡。

六、湖南菜。特点是香辣、酸辣。如:剁椒鱼头王。

七、福建菜。特点是酸甜、清淡、色美、味鲜。如:佛跳墙。

八、安徽菜。河鲜做法很多,口味稍甜。如:清蒸石鸡。

生 词

1.	口味	(名)	kǒuwèi	taste 食物的味道或者人对味道的爱好
2.	鲜	(形)	xiān	delicious; fresh 新鲜的
3.	嫩	(形)	nèn	tender 很新鲜;很软,很容易破坏的。如很小的青菜叶子
4.	脆	(形)	cuì	fragile; crisp 不软,但是很容易破坏的。如玻璃、饼干
5.	糖醋	(名)	tángcù	sugar and vinegar; sweet and sour 做菜的两种东西,糖甜醋酸,又甜又酸的味道
6.	麻辣	(形)	málà	pungent and spicy; spicy and hot 一种很强烈刺激的味道

7.	腻	（形）	nì	oily; greasy 油比较多，很肥的
8.	淡	（形）	dàn	light; tasteless
9.	香辣	（形）	xiānglà	spicy hot
10.	酸辣	（形）	suānlà	vinegar-pepper; sour and hot
11.	酸甜	（形）	suāntián	sour and sweet 又甜又酸的味道

根据课文选择搭配

1. 广东菜
2. 浙江菜
3. 湖南菜
4. 福建菜
5. 安徽菜
6. 山东菜
7. 四川菜
8. 江苏菜

A. 鸡汤煮干丝
B. 佛跳墙
C. 糖醋黄河鲤鱼
D. 剁椒鱼头王
E. 麻婆豆腐
F. 白切鸡
G. 西湖醋鱼
H. 清蒸石鸡

技　能

找出主要的词

我们读一篇文章，首先要了解这篇文章主要讲的是什么内容。要做到这点，发现文章的主词是很重要的。主词是文章的中心，一般出现的次数也比较多，我们刚才学过的课文，主词就是"菜"。

我们来看看下面文章中的主词吧。

练习

① 找出下面段落的主词

（1）
　　从20日早晨开始，北京各加油站汽油突然提价，92号汽油、95号汽油、97号汽油分别从原来的7.65元、8.15元、8.45元分别上涨为7.82元、8.32元、8.67元。
主词：

（2）
　　一天，妈妈给我买回一盒减肥药。妈妈告诉我，除了每天吃药，还要多吃蔬菜、多喝水、少吃肉，不能吃主食……我心想，如果不吃这些东西，我会难受死的。我能坚持下去吗？但是，为了能够减肥成功，我还是认真地按照妈妈说的开始了我的减肥计划……
主词：

（3）
　　HSK（四级）考试介绍：
　　1. HSK（四级）考试对象：主要面向每周2—4课时学习汉语，学了四个学期（两学年），掌握1200个常用词语的外国学生。
　　2. HSK（四级）考试内容：共100题，分听力、阅读、书写三部分。
主词：

二 猜猜下面绿色词语是什么意思

1. 咖啡很烫，喝的时候慢点儿。
   A. 热   B. 甜
   C. 冷   D. 浓

2. 孩子离开家时妈妈叮嘱她："要注意身体，要多给家打电话……"
   A. 写   B. 看
   C. 走   D. 说

3. 他是希腊留学生，他说的希腊语我们都听不懂。
   A. 文字   B. 语言
   C. 词典   D. 杂志

4. 这个饭馆的厨师做的菜好吃极了。
   A. 服务员   B. 收款员
   C. 经理   D. 做饭的

5. 打高尔夫球很贵，所以我一般打网球，很少打高尔夫球。
   A. 球鞋的名字   B. 球衣的名字
   C. 球的名字   D. 运动员的名字

6. 暑假快到了，他想去新疆旅游，我想去杭州旅游。
   A. 食物名   B. 地名
   C. 人名   D. 火车名

第十五课　南甜北咸东酸西辣

阅读训练

（一）

汉语里有非常多带"吃"字的词语，意思也特别多。别人不欢迎就叫"吃不开"；别人欢迎就叫"吃得开"或者"吃香"；觉得奇怪就是"吃惊"；能力不够，觉得难叫"吃力"；遇到太多不好的事情叫"吃苦"；压力大，难以承受叫"吃不消"；看见自己的男朋友跟别的女孩子在一起，她会"吃醋"；生活好就是"吃香喝辣"。

工作在汉语口语叫"饭碗"，当老师就是"吃教书饭"，工作没了叫"丢了饭碗"，都跟吃有关系。

你用哪个带"吃"的词语来形容下面的情况

1. 一个刚学了一星期汉语的人看中文报纸。
   他很（　　　　）。
2. 在公司里大家都不喜欢他，不愿意跟他说话。
   他在公司（　　　　）。
3. 公司只有他一个人会汉语，大家都需要他。
   他在公司很（　　　　）。
4. 我刚工作一年，现在买汽车有点儿困难。
   买汽车我有点儿（　　　　）。
5. 太太给以前的男朋友打电话，丈夫不高兴。
   丈夫（　　　　）了。

（二）

　　现在很多人吃素。有一个报告说，长期吃素的人比长期吃肉的人平均寿命长10岁左右。德国的一个研究也说吃素的人比吃肉的人长寿，而且吃素时间越长的人越长寿。

　　有人说只吃素不好，因为人的健康需要脂肪，而菜的脂肪很少，人不吃肉的话会营养不良。可是有一个研究说，脂肪一共有13种，动物的身体里最多只有6种，但是植物里13种全部都有，吃素不会营养不良。

一 根据课文选择正确答案

1. 吃素的人和吃肉的人比，可能：
   A. 长寿　　　　　　　　B. 快乐
   C. 胖　　　　　　　　　D. 高

2. 长寿10岁可能需要怎么做？
   A. 从小吃素　　　　　　B. 吃素一年
   C. 长期吃素　　　　　　D. 没有说

3. 文章说植物的脂肪有多少种？
   A. 6种　　　　　　　　B. 13种
   C. 1种　　　　　　　　D. 没有说

4. 营养不良是因为什么？
   A. 吃素　　　　　　　　B. 吃肉
   C. 又吃素又吃肉　　　　D. 没有说

二 复述课文

（三）

中国菜是这样取名字的：

一、材料的名字和做菜的方法。比如"西红柿炒鸡蛋""红烧鲤鱼"。

二、根据故事、传说。有一个菜叫"叫花鸡"，说是古时候一个叫花子得到一只鸡，但他没有做饭的东西，也不知道怎么做，就用泥土把鸡包起来扔到火里烧。没想到这只鸡非常好吃，以后用这种方法做的鸡就叫"叫花鸡"了。

三、根据食物的样子想象。有一个四川菜叫"蚂蚁上树"，其实就是粉丝和肉末儿做的，菜里没有蚂蚁，也没有树。就是粉丝像树，肉末儿像蚂蚁。

四、代表美好的希望。比如"全家福"等，看名字我们可能不知道这些菜是用什么东西做的，但这没关系，只要大家吃着高兴就可以了。

一 根据课文口头表达

1. 说说一般中国菜的名字是怎么取的。
2. 说说"叫花鸡"这个名字是怎么来的。
3. 说说"蚂蚁上树"这个名字是怎么来的。

二 下面这些食品的名字是用什么方法取的

1. 清蒸草鱼　　　　　2. 金玉满堂
3. 过桥米线　　　　　4. 鱼头豆腐
5. 麻婆豆腐　　　　　6. 四喜汤圆
7. 青蛙背石头　　　　8. 驴打滚

(四)

在法国，吃饭的先后顺序是这样的：

先喝开胃酒，同时吃点儿小咸饼干。

第一道菜一般是冷的拼盘、热菜饼或海鲜。如果第一道是汤，就得用深盘子加上大勺。接着是主菜，至少有两个热菜，一荤一素，有时会有米饭或面条，主食永远是法式面包。

一般女主人拿起刀叉说"祝大家好胃口"时，客人才可以开始吃。

法国菜第一道是冷盘，咸的；第二道是热菜，也是咸的；第三道是甜食，冷的；最后，咖啡或加糖的热茶。刚吃法国菜的中国人最不习惯的就是一会儿冷一会儿热，又有甜又有咸。吃饭时又喝酒又喝冷水，很多中国人觉得肚子受不了，不过人家法国人从来没有问题。

一 根据课文选择正确答案

1. 作者可能是哪国人？
   A. 法国　　　　　　B. 中国
   C. 英国　　　　　　D. 不知道

2. 在法国吃饭，主食是什么？
   A. 米饭　　　　　　B. 面条
   C. 面包　　　　　　D. 没有说

3. "一荤一素"中"荤"和"素"的意思是：
   A. 肉、菜　　　　　B. 菜、肉
   C. 热、冷　　　　　D. 冷、热

4. 关于法国菜的主菜，我们知道：

　A. 是热的　　　　　　　B. 最少有两个

　C. 装在深盘子里　　　　D. A 和 B

5. 吃法国菜的时候哪道菜可能是冷的？

　A. 第一道和第三道　　　B. 第一道和第二道

　C. 第三道和最后的饮料　D. 以上全部

二 复述课文

补充阅读

孩　子

　　体罚因为不符合儿童心理健康而被唾弃。我想起一个外国的故事：

　　一个妈妈带孩子到商场，经过玩具区，看见一匹木马，孩子跳到上面不肯下来，要妈妈买，可那木马是不卖的。店员们叫孩子下来，孩子不听；妈妈叫他下来，更不听。妈妈说带

他吃冰淇淋去,还是不听;买巧克力糖去,也不听。不管你说什么,他就是不听。最后一位聪明的店员说:"我们可以把商场的儿童心理学专家请来帮忙。"

专家问清楚原因后走到孩子身边,在他耳边低声说了一句话,那孩子马上跳下木马,拉着母亲就跑了。

事后有人问那个专家对孩子说了什么,那专家说:"我说的是:'你要是再不下马,我马上打破你的脑袋!'"

中国有句老话:"树大自直",意思是说孩子不需管教,小时放肆,大了自然会好。可是弯曲的小树,长大是否会直呢?我不敢说。

(改编自梁实秋《雅舍小品》)

根据课文回答问题

1. 妈妈用什么办法让孩子从木马上下来?

2. 为什么店员建议请儿童心理学专家来?

3. 孩子为什么跳下木马走了?

4. 你觉得作者对教育孩子有什么样的看法?

第十五课　南甜北咸东酸西辣

看中国

练习要求

1. 请说几个你知道的中国菜或其他中国食品的名字。
2. 你能教我们做一个你们国家的特色菜吗?

第十六课

课文

保护野生大象

关键词：保护　野生动物　保险

云南省有很多森林，那里有国家重点保护野生动物199种，是亚洲象和很多野生动物的家。为了保护它们，当地政府为野生动物办起了"食堂"。比如他们在当地专门种了很多香蕉和玉米让大象"免费"来吃。如果野生动物到农民家的地里吃东西，当地政府就负责赔偿村民。

经过努力，云南的野生大象越来越多，别的野生动物也越来越多。不过，这些野生动物的增加也给当地人的生活带来了麻烦。

保险公司在2011年开设了一个野生动物"肇事"的保险，只要是受保护的野生动物"肇事"，都可以得到保险赔偿。2014年，云南省政府投入4500万元用于购买这个保险。从2011年至2014年四年时间，保险公司的赔偿就超过5500余万元。

（新华网 2015-05-29）

生 词

1.	森林	（名）	sēnlín	forest 树林，有很多树木的地方
2.	重点	（名）	zhòngdiǎn	emphasis; key point 特别重要的地方
3.	野生动物		yěshēng dòngwù	wildlife 在自然环境中，不是人工喂养的动物
4.	赔偿	（动）	péicháng	to compensate for 用物质、金钱补偿受到伤害、损失的一方
5.	保险	（名）	bǎoxiǎn	insurance 对可能发生的伤害、损失进行赔偿的一种保证
6.	肇事	（动）	zhàoshì	to create a disturbance 犯错，造成伤害和损失

一 根据课文判断正误

1. （　　）云南有199种野生动物。
2. （　　）云南的政府很愿意保护野生动物。
3. （　　）云南的野生动物不会对人的生活、工作造成麻烦。
4. （　　）大象不喜欢吃香蕉和玉米。
5. （　　）云南的野生动物越来越多。
6. （　　）云南人不可以为野生动物造成的损失投保。
7. （　　）买野生动物"肇事"的保险是政府出钱的。

二 复述课文

技　能

汉语的格式

我们前面已经介绍了根据文章的上下文猜词义的一些方法。这一课我们再说说根据汉语格式来猜出一些词的大概意思。汉语很喜欢讲对仗，就是前后的两句话名词对名词，动词对动词，而且相对的词语往往是意义上接近的或相反的词语。比如：

在家靠父母，出外靠朋友。

这里的"在家"和"出外"意思相反，"父母"和"朋友"属于一类东西。这种方法在汉语书面语中是经常出现的，特别是成语。如：

藏龙卧虎、大材小用、天长地久

"藏"跟"卧"都是动词，"龙"跟"虎"都是名词，都是厉害的动物；

"大"和"小"相反;"天"和"地"相对,"长"和"久"相同。

汉语成语看起来很难,实际上不难,因为很多就是用这种格式组成的。不过我们要特别留意"不""未""没""无"等表示否定意思的词语,它们常常指示出前后词语意思相反。

练习

一 分析"有意栽花花不发,无心插柳柳成荫"

1. "有意"跟"无心"意思　　（A. 相似　B. 相反）
2. "栽"跟"插"意思　　　　（A. 相似　B. 相反）
3. "花"跟"柳"意思　　　　（A. 相似　B. 相反）
4. "不发"和"成荫"意思　　（A. 相似　B. 相反）

二 分析"贫居闹市无人问,富在深山有远亲"

1. 跟"贫"意思相反的是"＿＿＿"
2. 跟"闹市"意思相反的是"＿＿＿"

三 读一读下面的成语,看看哪个词跟哪个词可以相对,再猜一猜它们是什么意思

1. 牛头不对马嘴　　　　2. 前怕狼,后怕虎
3. 眉开眼笑　　　　　　4. 朝三暮四
5. 心平气和　　　　　　6. 国泰民安
7. 三心二意　　　　　　8. 三番五次
9. 有血有肉　　　　　　10. 有眼无珠

四 根据汉语成语的结构规律填空

1. 三言两（　　）
2. 大同（　　）异
3. （　　）高地厚
4. 头重脚（　　）
5. 万（　　）千山
6. （　　）赴后继
7. 山清（　　）秀
8. （　　）嘲热讽
9. 人山人（　　）
10. 有口（　　）心

五 猜猜下面绿色词语是什么意思

1. 老李喜欢喝酒，特别是茅台，他常常喝。
   A. 酒的名字　　B. 烟的名字
   C. 水果的名字　D. 药的名字

2. 上星期我咳嗽，吃了医生开的咳特灵，很快就好了。
   A. 酒的名字　　B. 烟的名字
   C. 水果的名字　D. 药的名字

3. 我和我同屋喜欢的水果不一样，我最喜欢吃葡萄，她最喜欢吃榴莲。
   A. 酒的名字　　B. 烟的名字
   C. 水果的名字　D. 药的名字

4. 妹妹很聪明，可是姐姐却很蠢。
   A. 不漂亮　　B. 不聪明
   C. 不高　　　D. 不瘦

阅读训练

（一）

藏羚羊是生活在中国青藏高原的一种野生羚羊，用藏羚羊的绒毛可以做成世界上最贵的披肩。这种叫"沙图什"（Shahtoosh）的披肩每条一万一千美元，以前是巴黎、罗马、伦敦的贵妇们最喜爱的东西，她们披着它出席各种晚会。为了生产这种披肩，每年有两万只以上的藏羚羊被杀死。它们的绒毛会被秘密带到印度，一个印度工人要用几个月的时间才能做成一条披肩。

中国政府从1998年开始大力保护藏羚羊，到2012年，藏羚羊的数量已达到七万只左右，比20世纪80年代增加了五万多只，到2014年，藏羚羊达到三十多万只左右。

（人民网 2014-06-05）

一 根据课文选择正确答案

1. 课文中"绒毛"的意思是指：
   A. 羊头　　　　　　　B. 羊腿
   C. 羊毛　　　　　　　D. 羊肉

2. "披肩"可能是：
   A. 一种鞋子　　　　　B. 一种衣物
   C. 一种帽子　　　　　D. 一种皮包

3. 十万美元大概可以买多少这种披肩?
   A. 10 条　　　　　　　　B. 9 条
   C. 8 条　　　　　　　　 D. 11 条

4. 生产这种披肩的地方在:
   A. 罗马　　　　　　　　B. 伦敦
   C. 巴黎　　　　　　　　D. 印度

5. "贵妇"的意思可能是:
   A. 喜欢参加晚会的女人　　B. 喜欢旅行的女人
   C. 有钱的太太　　　　　 D. 不喜欢野生动物的女人

6. 20 世纪 80 年代藏羚羊大概有:
   A. 7 万只　　　　　　　B. 5 万只
   C. 10 万只　　　　　　 D. 2 万只

7. 2014 年中国有藏羚羊:
   A. 30 多万只　　　　　 B. 10 多万只
   C. 5 万多只　　　　　　D. 7 万多只

二 复述课文

(二)

北京大约有 2 千多万人,如果每天每人用 1 个塑料袋,一年就要用 73 亿个。北京每天用 80 万个一次性快餐盒,一年用近 3 亿个。北京市一天的塑料垃圾 600 吨左右,放这些垃圾已经用了 8000 多亩土地。

目前全球每年有 100 亿吨垃圾，其中包装占 30%—60%，中国每年人均包装物约为 10 公斤，每年全国的包装垃圾是 800—1000 万吨，而且回收率较低。纸的回收率欧盟约 50%，中国 15%；塑料日本回收率 26%，中国 9.6%；铝罐世界平均回收率 50%，中国仅 1%。

根据课文填空

1. 如果每天每人用一个塑料袋，北京一年用的塑料袋大概是 ＿＿＿＿＿＿。
2. 北京市一天的塑料垃圾是 ＿＿＿＿＿＿＿＿＿。
3. 全世界每年的垃圾是 ＿＿＿＿＿＿＿。
4. 全世界每年的包装垃圾占垃圾总量的 ＿＿＿＿＿＿＿＿。
5. 全中国每年的包装垃圾是 ＿＿＿＿＿＿＿。
6. 日本塑料的回收率比中国高了 ＿＿＿＿＿＿＿＿。
7. 纸的回收率中国比欧盟低了 ＿＿＿＿＿＿＿。
8. 铝罐世界的平均回收率是 ＿＿＿＿＿＿＿＿。

（三）

卧龙自然保护区是 1963 年开始设立的，面积 20 万公顷，是闻名世界的大熊猫自然保护区。除了大熊猫以外，保护区里还有国家一类保护动物 13 种，二类保护动物 44 种。

为了保护自然环境，保护区在 20 世纪 90 年代以后把 45 户共 166 名居民搬出去了。

现在，卧龙自然保护区的森林面积已经从1963年的53%上升到现在的70%以上，大熊猫等野生动物有了更加良好的生活环境。2012年，野生大熊猫的数量达到1596只，比20世纪80年代增加了近500只。

一 根据课文选择正确答案

1. 文章主要介绍的是：
   A. 大熊猫的生活习惯
   B. 大熊猫和其他动物的关系
   C. 大熊猫生活环境的情况
   D. 卧龙自然保护区的情况

2. 卧龙自然保护区一共有多少种动物？
   A. 13种   B. 44种
   C. 57种   D. 没有说

3. 文章说到的保护区保护环境的方法有多少种？
   A. 3种   B. 4种
   C. 很多种   D. 没有说

4. 保护区在20世纪90年代以后把多少人搬出去了？
   A. 45人   B. 166人
   C. 90人   D. 没有说

5. 1963年的森林面积跟现在比：
   A. 多53%   B. 少70%
   C. 少17%   D. 多17%

6. 20 世纪 80 年代，这里大约有多少大熊猫？

A. 500 只　　　　B. 1600 只

C. 1100 只　　　　D. 没有说

复述课文

（四）

老爸一向节约，是出了名的"会过日子的人"。比如看完以后的旧报纸，他总是会细心地收好，等收废品的人来了就卖给他们；衣柜里，老爸的衣服屈指可数，一身深蓝色中山装穿了十几年，后来我和老妈一定要他换，他才买了一套好一点儿的西装。老爸出门从不打车，一辆自行车骑了数十个春秋，用他的话说是"既省钱又锻炼身体"。

而我弟弟就完全不同，在老妈的眼里，他是"浪费的人"。几百元的衬衫、上千元的鞋子都是家常便饭。和朋友聚会就下馆子，出门就打车，年年换新手机。

根据课文选择正确答案

1. 跟"一向"意思接近的词语是：

A. 一定　　　　B. 一点儿

C. 总是　　　　D. 喜欢

2. "会过日子的人"中"会过日子"的意思可能是：

A. 很节约　　　　B. 会做家务

C. 会赚钱　　　　D. 热爱生活

3. "屈指可数"的意思可能是：

A. 旧　　　　　　　　B. 便宜

C. 难看　　　　　　　D. 很少

4. "打车"的意思是：

A. 开车　　　　　　　B. 坐公共汽车

C. 坐出租汽车　　　　D. 骑自行车

5. "一辆自行车骑了数十个春秋"中"数十个春秋"的意思是：

A. 很长距离　　　　　B. 十个春天和秋天

C. 十次　　　　　　　D. 几十年

6. "家常便饭"在这里的意思是：

A. 不喜欢　　　　　　B. 常常做的事

C. 不吃饭也买　　　　D. 在家里吃饭不付钱

二 "老爸"和"弟弟"是怎么生活的？你觉得他们的生活态度怎么样？

补充阅读

冬 天

在台州过了一个冬天，一家四口人。台州是个山城，只有一条二里长的大街。路上白天也不大能见到人；晚上到处都是一片漆黑。人家窗户里透出一点灯光，还有走路的拿着的火把；但那也是很少的。我们住在楼上，书房靠着大路；路上有人说话，可以清清楚楚地听见，因为走路的人太少了。

我们是外地人，除上学校去以外，只在家里坐着。妻子也习惯了，有一回我上街去，回来的时候，楼下厨房的大窗子开着，他们母子三个人在窗户边天真地看着我笑，似乎台州空空的，只有我们四人；天地空空的，也只有我们四人。

那时是民国十年，妻刚从家里出来，现在她死了快四年了，我却还老记着她那微笑的影子。

无论怎么冷，大风大雪，想到这些，我心上总是温暖的。

（根据朱自清文章改写）

根据课文回答问题

1. 台州是个热闹的大城市吗？为什么？

2. "我"是台州人吗？"我"在台州做什么工作？

3. "我"最少有几个孩子？

4. "我"妻子现在怎么样？

5. 这篇文章给你的感觉是什么？

看中国

练习要求

1. 请尽量说出你知道的野生动物的名字,如:老虎、大象。
2. 说说为什么要保护野生动物。你们国家有什么保护野生动物的规定?

第十七课

课文

快乐地生活

关键词:知足常乐

人的一生只有短短的几十年,为什么我们不快乐地生活呢?

可能你会说,我没有钱,所以我不快乐。其实,快乐是一种人生态度,跟钱没有多少关系,有钱的人不一定是最快乐的人,而且很多东西钱是买不到的,比如健康、爱情。

知足常乐就能得到快乐,你现在有吃的,有房子住,有衣服穿,有可爱的家人,有和平的环境,有健康的身

体，如果你还不满足，你就不可能快乐。

可能你会说，我做事情不顺利，所以我不快乐。其实，人不可能什么事情都一帆风顺，总会遇到困难，遇到不好的事情。这个时候不要悲观，你要乐观地面对困难，想办法解决问题，情况也会越来越好。

人的一生很多事情都不能选择，可是，生活态度是可以选择的。请选择快乐吧！

生词

1.	知足常乐		zhī zú cháng lè	容易满足的人常常感到快乐
2.	满足	（动）	mǎnzú	to satisfy 感到已经足够
3.	一帆风顺		yì fān fēng shùn	很顺利
4.	悲观	（形）	bēiguān	pessimistic 对很多事都没有信心。"乐观"的反义词
5.	乐观	（形）	lèguān	optimistic "悲观"的反义词

一 写出相对应的反义词

1. 快乐——
2. 和平——
3. 悲观——
4. 消极——

二 根据课文选择正确答案

1. 什么人能得到快乐？
   A. 对现在的生活满足的人　　B. 不容易满足的人
   C. 没有钱的人　　　　　　　D. 有钱的人

2. 快乐跟什么有关系？
   A. 钱　　　　　　　　　　　B. 爱情
   C. 健康　　　　　　　　　　D. 人生态度

3. 遇到困难时：
   A. 你应该悲观　　　　　　　B. 你要乐观面对
   C. 你应该满足　　　　　　　D. 你要做事情

4. 这篇文章主要是：
   A. 介绍中国人的人生态度　　B. 告诉我们应该快乐地生活
   C. 讨论人为什么会悲观　　　D. 身体健康和生活态度的关系

三 复述课文

技　能

找结论

　　找到文章的结论对理解文章是很重要的，一般来说，文章的结论常常在文章的最后。汉语表示结论的词语主要有："一句话""总之""可见"等。

练习

一 找找下面文章的结论

1. 我现在不能继续做了,我知道这个工作很重要,我保证完成还不行吗?我实在太困了,脑子好像进水了,根本不能思考问题。总之,你先让我休息一下吧!

   结论:＿＿＿＿＿＿＿＿＿＿＿＿＿＿＿＿＿＿＿＿＿＿＿＿＿＿

2. 记住,无论什么时候,面膜都是一种好东西,可以为皮肤补充水分,可以使皮肤变白,可以清洁面部肌肤,可以增加皮肤的明亮度。一句话,面膜是护理皮肤最好最方便的方法。

   结论:＿＿＿＿＿＿＿＿＿＿＿＿＿＿＿＿＿＿＿＿＿＿＿＿＿＿

3. 我还记得第一次见到他的时候,就觉得他脸太黑,头发太黄,眼珠太白,鼻子太低,腿太短,手太大,说话难听,写字难看,连吃饭的样子也跟我不一样。总而言之,他太奇怪了。

   结论:＿＿＿＿＿＿＿＿＿＿＿＿＿＿＿＿＿＿＿＿＿＿＿＿＿＿

4. 参加这种活动很贵,每次要30美元,而且这个活动也很危险,今年就有三个人因为不小心而受伤,可还是有很多人参加,可见这个活动很受年轻人的欢迎。

   结论:＿＿＿＿＿＿＿＿＿＿＿＿＿＿＿＿＿＿＿＿＿＿＿＿＿＿

5. 他少年时父母都死了,中学毕业后没有考上大学,好不容易找到一个工作,刚工作了一个月,工厂关门了。朋友介绍他认识了一个女朋友，两人谈得很好，都准备结婚了，可女朋友突然得了重病，现在还住在医院。说到底，他的运气太差了。

结论：_____

二 找出下面句子的主要部分

1. 桂林是中国南方一个水特别清，山特别漂亮，还有很多美丽传说的城市。
2. 为了更好地工作，上个月23号李先生买回一台最新的平板电脑。
3. 每天晚上吃完晚饭以后，王老师都要跟太太一起，在美丽的校园散一个小时步。
4. 在北京大学学习了四年以后，2018年7月，23岁的李芳从北京大学中文系毕业。
5. 2018年2月25日，22岁的法国姑娘玛丽跟男朋友一起，从法国巴黎坐飞机来到北京语言大学学习汉语。
6. 最近，南京大学的张老师写了一本非常有意思的、专门给留学生阅读的《中国古代笑话》。

三 扩展句子

1. _____去商店。
2. _____去商店。
3. _____去商店。
4. _____去商店。
5. _____去商店。
6. _____去商店。

阅读训练

（一）

大海边，渔夫在晒太阳。一位旅行者走来了。

旅行者："你怎么不去捕鱼啊？"

渔　夫："今天我已经捕了一船了。"

旅行者："你可以捕两船啊。"

渔　夫："为什么？"

旅行者："可以多卖钱换条大船呀。"

渔　夫："换条大船干什么？"

旅行者："可以捕更多的鱼，卖更多的钱，换更好的船。"

渔　夫："为什么要那样呢？"

旅行者："那时候你可以请人帮你捕鱼了。"

渔夫问："那我干什么呢？"

旅行者："你可以坐在海边晒晒太阳啊。"

渔　夫："我现在已经在晒太阳了啊。"

旅行者想了想，一言不发走了。

一 复述这个故事

二 你觉得旅行者和渔夫哪个对？为什么？

（二）

我去过云南昆明的安宁温泉，在那个美丽的温泉度假村住了好几天。我常常想那个温泉池和池边的茶花树，真想再去那里。

"我们这里哪有那么好的温泉呢？"我有一天跟朋友说。"是没有那么好的温泉，但我们这里有温泉啊，为什么一定要去安宁温泉呢？"朋友说。

朋友的话很有道理，我们这里的清池温泉我几年前去过一次，和昆明安宁温泉比起来要差一些，但总比没有好吧。

"好吧，我们去那里吧。"于是，我们俩开了二十分钟车到清池温泉。温泉已经改建，比以前好了很多。我们在那里快乐地待了一个下午，还吃了那里的农家土鸡。

人生也是这样，为什么一定要那个在梦里的呢？你现在有的不也很好吗？

（选自张赛文散文《生活如此》）

一 根据课文选择正确答案

1. 我最喜欢的温泉是哪个？
   A. 清池温泉　　　　　　B. 安宁温泉
   C. 都喜欢　　　　　　　D. 没有说

2. "总比没有好"的意思是：
   A. 不是最好，但是比没有好　B. 没有比较怎么知道哪个好
   C. 好还是不好是很难比较的　D. 不用比较哪个好

3. 我家离安宁温泉远吗?
   A. 很远　　　　　　　B. 很近
   C. 开车二十分钟　　　D. 不知道

4. "土鸡"的意思是:
   A. 有名的鸡　　　　　B. 很好吃的鸡
   C. 农民家养的鸡　　　D. 外国的鸡

5. 我现在觉得清池温泉怎么样?
   A. 比较差　　　　　　B. 很差
   C. 不错　　　　　　　D. 没有说

二 复述课文

（三）

美国康奈尔大学的梅西教授研究了84个国家240万人写的5.09亿条微博。梅西教授看人们一天中什么时候写"棒极了""好极了"这些表现好心情的词，什么时间写那些生气、伤心、不开心的词。

他发现，虽然各个国家有不同的文化，但是人们都是在早上醒来后的早餐时间最快乐。梅西教授说，人们睡了一个好觉后，心情很愉快，但接下来人们的心情会慢慢变坏。这不是因为工作累，因为周末不工作时人们的心情也是这样的。

梅西教授还发现，人们往往认为网络语言不真实，但这是不对的，其实网络语言更能看到人们最真实的情感。

（半岛晨报 2014-03-03）

一 根据课文判断正误

1. （　）梅西教授是研究语言的。
2. （　）梅西教授从微博语言来研究人们的心情。
3. （　）人们一般是早上的时候比较高兴。
4. （　）人们早上以后不高兴是因为工作太累了。
5. （　）周末的时候人们一天都很快乐。
6. （　）人们在网络上总是说假话。

二 复述课文

（四）

只要一有时间去度假，我一定会到巴厘岛去。我喜欢巴厘岛的理由很多。其中当然包括美食、漂亮的饭店，可最重要的是我喜欢那里快乐和友好的人民。

"看到他们那么快乐，我的忧愁也没有了。"一位导游朋友说。他自己从苏拉威西把家搬到巴厘岛来，就是因为这个原因。在这个热带的小岛上，人们很容易快乐。我也看过他们为死去的亲人准备葬礼。虽然身穿黑衣，他们还是很快乐地在做准备，好像说："已经活够了，要回到应该回到的那个地方去了，能变成大自然的一部分，是多么美好的事啊！"

他们要的不多，在这里，你随时可以看到人们在家里的小亭子里吹着风打盹儿、下棋、晒太阳。

快乐是很容易得到的。

（改选自吴淡如《乐观者的座右铭》）

一 根据课文选择正确答案

1. 巴厘岛可能是什么地方？
    A. 一个很少人去的小岛　　B. 一个旅行的地方
    C. 一个气候比较热的地方　D. B 和 C

2. 下面哪一个不是巴厘岛人民的性格？
    A. 很快乐　　　　　　　　B. 很友好
    C. 很忧愁　　　　　　　　D. A 和 B

3. 搬家到巴厘岛的人是谁？
    A. 导游　　　　　　　　　B. "我"
    C. "我"和导游　　　　　　D. 没有说

4. 巴厘岛人死了以后，他们的亲人：
    A. 很伤心地准备葬礼　　　B. 很快乐地准备葬礼
    C. 不用准备葬礼　　　　　D. 穿黑衣服就行了

5. 在巴厘岛，人们长做的事情是什么？
    A. 下棋　　　　　　　　　B. 打盹儿
    C. 晒太阳　　　　　　　　D. A、B 和 C

二 复述课文

补充阅读

小气的石油大王

美国石油大王约翰·洛克菲勒一生至少赚了10亿美元，他捐给别人的钱就有7.5亿美元。他对金钱的看法是：我不但不做金钱的奴隶，而且要把金钱当奴隶来使用。

洛克菲勒习惯到一家餐厅用餐，每次餐后他总是给服务员一毛五分钱的小费。有一天，不知为什么，他只给了五分。服务员不高兴了，他埋怨地说："如果我像您那样有钱的话，我不会那么小气。"

洛克菲勒笑笑说："这就是你为什么一辈子当服务员的原因。"

根据课文问答问题

1. 约翰·洛克菲勒一生赚过多少钱？

2. "奴隶"的意思是什么？

3. "埋怨"的意思是什么?

4. 为什么服务员埋怨他?

5. 洛克菲勒对服务员说的话是什么意思?

看中国

练习要求

1. 仿照照片中的文字写一个标语,如"冬季旅游哪里爽,吉林滑雪好地方"。

2. 说说你在各个不同的季节喜欢做什么户外活动。

第十八课

课　文

人民政府

关键词：街道办事处　机构　科室　管理

中国城市最小的政府机构是街道办事处，如"北京市西城区人民政府西长安街街道办事处"。

街道办事处也有很多机构，如西长安街街道办事处下面就有30个不同的科室，管理着很多事情。

他们管理着4.24平方千米的地方,有98条街巷胡同,13个社区居委会,有户籍人口26031户77453人,实有人口34483人(包括人户一致人口20501人,京籍流动人口2841人,外省市流动人口11129人,港澳台及外籍人口12人)。社区居委会不是政府机构。

在中国的农村,最小的政府机构是乡镇人民政府,他们管理的村民委员会不是政府机构。

生 词

1.	人民政府		rénmín zhèngfǔ	the people's government
2.	机构	(名)	jīgòu	institution 机关、团体或内部系统
3.	街道办事处		jiēdào bànshìchù	street office
4.	科室	(名)	kēshì	department 科和室,管理事情的部门
5.	平方千米		píngfāng qiānmǐ	square kilometer
6.	社区居委会		shèqū jūwěihuì	the community residents' committee
7.	户籍	(名)	hùjí	household registration 家庭在政府登记的人口、居住地等信息
8.	京籍	(名)	jīngjí	Beijing nationality 正式登记的北京居民
9.	流动人口		liúdòng rénkǒu	floating population 不在自己户口登记的地方居住的人

第十八课　人民政府

10.	外籍	（名）	wàijí	foreign 外国人
11.	乡镇人民政府		xiāngzhèn rénmín zhèngfǔ	the township people's government
12.	村民委员会		cūnmín wěiyuánhuì	the villagers' committee

专有名词

| 1. | 西城区 | Xīchéng Qū | Xicheng District (a district of Beijing) |
| 2. | 西长安街 | Xī Cháng'ān Jiē | the West Chang'an Street (a street of Beijing) |

根据课文选择正确答案

1. 哪个不是中国最小的政府机构？

   A. 社区委员会　　　　B. 村民委员会

   C. 街道办事处　　　　D. A 和 B

2. 西长安街街道办事处下面有多少个机构？

   A. 10 个　　　　　　B. 20 个

   C. 30 个　　　　　　D. 没有说

3. 北京市西城区人民政府西长安街街道办事处的上一级领导可能是：

   A. 市政府　　　　　　B. 区政府

   C. 乡政府　　　　　　D. 没有说

4. 北京市西城区人民政府西长安街街道办事处管理着多少社区居委会？

   A. 4.24 万个　　　　B. 98 个

   C. 13 个　　　　　　D. 没有说

5. 北京市西城区人民政府西长安街街道办事处：
   A. 人户一致人口最多
   B. 流动人口最多
   C. 京籍流动人口和外省市的一样多
   D. 外籍人口最多

技　能

总结文章主要内容和主要观点

看一篇文章，明白它的主要内容和主要观点是很重要的。主要内容就是文章"主要说的是什么"，主要观点就是"文章想告诉我们一个什么道理"。比如马丁·路德·金的《我有一个梦》，主要内容就是讲这次游行的起因、目的、意义，说明美国黑人没有得到平等和自由，他们的很多梦没有实现。主要观点就是希望美国没有种族歧视，黑人和白人享有同样的权利。文章的主要内容和主要观点常常需要你自己去分析、总结。例如：

在麦当劳餐厅的厨房，工人是这样工作的：他们什么也不用想，只要按照机器的指示开、关、放进去、拿出来就可以了。不管是谁，做出来的东西都是一样的味道。其实在那里没有真正的厨师，只有工人。而且工人实际上只是机器的一部分，他们是不需要什么技术的，因为机器已经决定好了一切。

这段文章的主要内容是：介绍麦当劳餐厅工人的工作情况。主要观点是：工人只是机器的一部分。有些文章主要内容清楚，但是主要观点不清楚或者没有，比如一些介绍性的文字，如说明书；有些文章主要观点清楚，但是主要内容不太清楚，比如一些议论文等；有的文章很难分开。

第十八课　人民政府

练习

说说下面文章中的主要内容或主要观点

1. 中国是自行车的王国，在这儿自行车是一种最经济、最方便的交通工具，也是一种劳动工具。在中国会骑自行车是一种最基本的生活技能，所以在中国很难找到不会骑自行车的人。这和西方很不一样，在西方，自行车更多的是被当成运动工具。

   主要内容或主要观点：

2. 孙中山先生认为中国人以蔬菜、豆腐做主食是科学的，他说这种饮食习惯使中国人没有西方人那样容易生病。他还说，中国的饮食如果能再科学、再卫生一点儿，对提高中国人的健康水平肯定有很大的帮助。他认为越来越多的西方人吃素的确有科学道理，也说明中国人的饮食习惯是正确的。

   主要内容或主要观点：

3. 1949年祖光从国外回到北京，第一件事就是交给他的好朋友邓季惺、陈铭德夫妇一笔钱，让他们帮助买房、买家具。邓季惺大姐和丈夫陈铭德是《新民晚报》的老板。刚解放，他们夫妇住在西城一个四合院里。那房子好漂亮啊！前岸、后厦、走廊、游廊，满院子花草。我觉得北京的四合院是最舒服的房子。当时很多作家买房。艾青买的是在东城豆腐巷，老舍买的是奶子府，赵树理和祖光的房子是在东城马家庙，赵树理是六号，祖光买的是九号。

   主要内容或主要观点：

4. 电影《乔布斯》（Jobs）2013年上映，导演乔舒亚·迈克尔·斯坦（Joshua Michael Stern）。这部影片主要讲乔布斯在1971年到2011年的经历，电影一开始是介绍乔布斯从大学退学后和斯蒂夫·沃兹尼亚克（Steve Wozniak）在一个很小的汽车修理厂开始做苹果电脑，后来苹果慢慢变为一家大企业，再后来乔布斯离开了苹果，最后，乔布斯又回到了苹果，并让苹果发展成为一家伟大的企业。

主要内容或主要观点：

阅读训练

（一）

2018年2月，中国31个省市区完成省级人大、政府、政协换届。这次换届中，7个省级人大主任是新的，8个新省（市）长，8个省级政协主席连任，23个省级政协主席换人。

这次换届中，有12名女性当选省级"一把手"。其中，省级人大"一把手"3人，省级政府"一把手"3人，省级政协"一把手"6人。

（中国新闻网　2018-02-02）

根据课文选择正确答案

1. 2018年2月换届的省市区共有：
   A. 31个　　　　　　　　B. 8个
   C. 23个　　　　　　　　D. 12个

第十八课　人民政府

2. 有多少省级人大的"一把手"是新的？

　　A. 23 个　　　　　　　B. 12 个
　　C. 8 个　　　　　　　 D. 7 个

3. 有多少省级政协的"一把手"是新的：

　　A. 7 个　　　　　　　 B. 8 个
　　C. 23 个　　　　　　　D. 12 个

4. 女的省级"一把手"有：

　　A. 7 个　　　　　　　 B. 8 个
　　C. 23 个　　　　　　　D. 12 个

5. 省级政协的"一把手"有多少是女性：

　　A. 3 人　　　　　　　 B. 6 人
　　C. 7 人　　　　　　　 D. 12 人

（二）

　　在南非开普敦的时候，朋友带我去了罗本岛。罗本岛是一个离开普敦只有11公里的小岛，从开普敦的码头坐船到那里只要半个多小时。罗本岛以前是一个监狱，曼德拉在那里被关押了18年。现在罗本岛是一个博物馆，每天都有很多人从世界各地去那里参观。

　　在罗本岛上，我们参观了关押曼德拉的牢房，看到了那个著名的"曼德拉的花园"。那是在围墙边上很小的一块菜园，曼德拉曾经在那里种了好几种蔬菜。他在自传里说："菜园是我在监狱中少有的能自己管理的东西,让我体会到了一点儿自由的味道。"参观罗本岛,让我们了解了南非的历史,也更敬佩曼德拉的人格。

(改写自雨那味博客)

根据课文填空

1. 从开普敦的 _____ 坐船到罗本岛只要半个多小时。

2. 罗本岛以前是一个 _____。

3. 曼德拉在罗本岛被 _____ 了18年。

4. 现在罗本岛是一个 _____。

5. 在罗本岛上,我们参观了关押曼德拉的 _____。

6. 在 _____ 边上有一块很小的菜园。

7. 曼德拉曾经在菜园种了好几种 _____。

8. 菜园是曼德拉在监狱中少有的能自己 _____ 的东西。

9. 菜园能让曼德拉 _____ 到一点儿 _____ 的味道。

10. 我们了解了南非的 _____,也更敬佩曼德拉的 _____。

(三)

中华人民共和国国务院部分机构

1. 中华人民共和国外交部

2. 中华人民共和国国防部

3. 中华人民共和国教育部

4. 中华人民共和国科学技术部

5. 中华人民共和国工业和信息化部

6. 中华人民共和国国家民族事务委员会

7. 中华人民共和国公安部

8. 中华人民共和国国家安全部

9. 中华人民共和国司法部

10. 中华人民共和国住房和城乡建设部

11. 中华人民共和国交通运输部

12. 中华人民共和国农业农村部

13. 中华人民共和国商务部

14. 中华人民共和国文化和旅游部

15. 中华人民共和国国家卫生健康委员会

16. 中国人民银行

在上面名单中找到合适的政府机构，把序号填在括号里

1. 负责管理大学事务的是（　　　）

2. 负责管理航空公司事务的是（　　　）

3. 负责管理旅游事务的是（　　　）

4. 负责管理和外国贸易事务的是（　　　）

5. 负责管理少数民族事务的是（　　　）

6. 负责管理农业生产事务的是（　　　）

7. 负责管理跟外国关系事务的是（　　　）

8. 负责管理银行事务的是（　　　）

9. 负责管理法律事务的是（　　　）

10. 负责管理住房的是（　　　）

（四）

　　喜欢清朝雍正皇帝（1678—1735）的读书人不多，读书人常常批评他当皇帝的时候大搞文字狱，没有言论自由。这些批评有一定道理，但雍正皇帝也实行了好几项对国家和老百姓有利的改革，得罪了不少人。

　　在雍正皇帝以前，清朝在法律上把老百姓分为良民和贱民。良民有人身自由，可以从事喜欢的职业；贱民没有人身自由，永远不可以改变身份，只能做固定的职业，而且不能和良民结婚。雍正当皇帝不久就取消了贱民身份，让很多人得到了自由。

（《人民日报》微信公众号，2016-05-09）

一 根据课文选择正确答案

1. 不喜欢雍正皇帝是什么人？
   A. 贱民　　　　　　　B. 良民
   C. 读书人　　　　　　D. 没有说

2. 在雍正皇帝以前，贱民：
   A. 有人身自由　　　　B. 没有人身自由
   C. 可以改变身份　　　D. 可以自由从事职业

3. 雍正皇帝做过什么？
   A. 搞文字狱　　　　　B. 取消了良民身份
   C. 批评贱民　　　　　D. 以上全部

4. 在雍正皇帝以前，良民：

   A. 不可以和贱民结婚

   B. 可以和贱民结婚

   C. 不喜欢和贱民结婚

   D. 没有人身自由

5. 这篇文章对雍正皇帝的态度是：

   A. 批评的   B. 讨厌的

   C. 正面的   D. 负面的

复述课文

补充阅读

早年岁月

1896年9月2日，我出生在广东北部靠近江西省的一个小村子。我们家在那个村子住了多久我不清楚，从哪里迁来我也不知道，只知道我们是客家人，我的祖先来自河南。

我们那里非常穷，村子里住着100户姓张的人家。在广东省，大多数村庄是按宗亲居住的，外姓人不许迁入。附近的村子居住着刘姓、潘姓等。大多数村民是很穷的农民，中农很少，没有富农，更没有什么地主。

我们客家人保留着许多古老的风俗，有些已经几千年了。客家读书人的妻子不让丈夫下田劳作，她们认为读书人动手是丢脸的事。可以说，客家妇女比男子更为强健，因为妇女下田劳动，而有些男子不下田。

（摘自《张发奎口述自传》，当代中国出版社，2012年）

根据课文判断正误

1. （   ）"我"是客家人。
2. （   ）"我"出生在河南的农村。
3. （   ）广东的很多村子大家都同姓。
4. （   ）"我"的家乡很穷。
5. （   ）客家妇女觉得读书人下田很光荣。
6. （   ）客家妇女比较强壮。

第十八课　人民政府

看中国

练习要求

1. 写出几个带有"局""所"的机构名称。如农业局、研究所。
2. 根据照片写一篇小文章或者说一段话。

参考答案

第一课

课文 朋友

一、1. C 2. B 3. D 4. D 5. B

二、略

技能 词的划分

一、1. 爱好 / 相同 / 的 / 人 / 有 / 很 / 多 / 的 / 共同 / 语言。

　　2. 没有 / 永远 / 的 / 朋友，也 / 没有 / 永远 / 的 / 敌人。

　　3. 朋友 / 对 / 我们 / 的 / 影响 / 是 / 很 / 大 / 的。

　　4. 我们 / 交 / 朋友 / 时 / 一定 / 要 / 小心。

二、1. ×　2. √　3. ×　4. ×

三、1. 我、和、考、上、了

　　2. 我、打、问、他、在

　　3. 他、不、我、在、能、买、到、那、本、书

　　4. 钱、的、比、我、更、钱

四、1. 大学、毕业、时候、已经、三十

　　2. 昨天、同学、汽车、长城、参观

　　3. 小偷、东西、但是、什么、没有

　　4. 今天、下午、突然、可是、没有、雨伞

阅读训练

（一）

1. "我"是个性格开朗大方，热爱运动，喜欢上网的人。

2. "我"想要交热爱运动、希望一起跑步的朋友。

3. 可以扫"我"的二维码。

（二）

一、1. 外向、幽默、开朗

2. 在外国工作、去过很多地方、看过很多电影

3. 我朋友最不喜欢说假话。

二、略

（三）

一、1. A 2. B 3. D

二、略

（四）

一、1. D 2. C 3. C 4. B 5. A

二、略

补充阅读

1. 意思是：有什么需要帮忙的尽管来找我，我很愿意帮忙。
   人们在想要帮助别人时常说这句话。

2. 他在火车站工作。

3. 略

第二课

课文　找个好工作

一、1. A 2. D 3. D 4. C

二、略

技能　偏正式的词

一、1. 是　2. 不是　3. 是　4. 不是　5. 不是　6. 是

二、略

三、略

四、(合理即可)

1. 飞机、手机、主机
2. 青菜、素菜、凉菜
3. 京剧、悲剧、喜剧
4. 拖鞋、皮鞋、女鞋
5. 毛衣、大衣、内衣
6. 教师、律师、厨师
7. 路灯、电灯、红灯
8. 白酒、啤酒、米酒
9. 柳树、松树、榕树
10. 红茶、绿茶、花茶

五、1. 他 / 每天 / 可以 / 穿 / 着 / 西装 / 去 / 办公室 / 上班。
2. 最 / 好 / 的 / 工作 / 就 / 是 / 做 / 自己 / 喜欢 / 做 / 的 / 事情。
3. 大家 / 觉得 / 开 / 汽车 / 是 / 非常 / 好 / 的 / 职业。
4. 很 / 多 / 人 / 觉得 / 老师 / 是 / 一 / 个 / 不错 / 的 / 职业。

阅读训练

(一)

1. C　2. A　3. C　4. B

(二)

1. D　2. B　3. B　4. C　5. B

(三)

| 1. 上海 | 2. 成都 | 3. 1500 | 4. 三 | 5. 七 |
| 6. 六 | 7. 十 | 8. 九 | 9. 四 | 10. 八 |

（四）

1. 5876；137% 2. 旧金山；4817

3. 纽约；4304 4. 15；63%

5. 1336；31%

补充阅读

1. ✗ 2. ✓ 3. ✓ 4. ✗ 5. ✓ 6. ✗

第三课

课文　上学读书

一、1. C 2. C 3. B 4. D 5. A

二、略

技能　联合式的词

一、略

二、略

三、1. 民 2. 静 3. 学 4. 大 5. 击

　　6. 生 7. 道 8. 妇 9. 考 10. 时

四、联合式：音乐、教学、房屋、生长、村庄

　　偏正式：家具、网球、手机、商场、自学、毛巾、马路

阅读训练

（一）

略

（二）

一、1. D 2. C 3. D 4. A

二、略

（三）

一、1. A 2. B 3. B 4. D

二、略

（四）

一、1. √ 2. × 3. √ 4. × 5. ×

二、略

补充阅读

1. 老板是西安交通大学的毕业生。

2. 这家店的肉夹馍价钱和西安一样，7 块钱一个。馍里的肉比西安的多一些。

3. 肉夹馍店的发展情况很好。2015 年店面扩大到 200 多平方米，2016 年获得国内餐饮业最高的一笔融资。

第四课

课文　旅行

一、1. A 2. C 3. C 4. B 5. D

技能　汉字声符

一、A. 15　B. 4　C. 2　D. 9　E. 3
　　F. 11　G. 6　H. 8　I. 14　J. 10
　　K. 18　L. 1　M. 12　N. 7　O. 17

P. 13　　Q. 16　　R. 19　　S. 20　　T. 5

二、彩：cǎi 菜　　　　何：hé 河
　　抱：bào 饱　　　　极：jí 级
　　副：fù 福　　　　箱：xiāng 厢
　　通：tōng 桶　　　较：jiào 胶

三、1. 副—6. 福　　2. 纲—7. 岗　　15. 怒—17. 努
　　4. 提—8. 题　　13. 茵—16. 姻　　3. 招—10. 诏
　　5. 痰—9. 毯　　11. 匾—12. 编　　14. 莰—18. 较

四、略

五、略

阅读训练

（一）

一、1. C　2. A　3. B　4. D　5. B

二、略

（二）

一、1. B　2. C　3. D　4. A

二、略

（三）

一、1. D　2. A　3. C　4. C

二、略

（四）

1. √　2. ✗　3. √　4. √　5. √　6. √

补充阅读

一、1. 因为初中三年的六个学期，我留了五次级。

2. 因为国文课本我小时候念过，数、理、化、英文要费脑子去记，长大后又用不上。

3. 去图书馆借书看。

4. 因为"我"书读得不好，还留级了。

二、略

课文 来一个西红柿炒鸡蛋

略

技能 汉字义符

一、略

二、

词语	第一个字声符	第二个字声符	义符
讥讽	几	风	讠
拇指	母	旨	扌
芬芳	分	方	艹
叫唤	丩	奂	口
猩猩	星	星	犭
饥饿	几	我	饣
恍惚	光	忽	忄
汪洋	王	羊	氵
栏杆	兰	干	木
脂肪	旨	方	月
烘烤	共	考	火
忿忿	分	分	心

(续表)

词语	第一个字声符	第二个字声符	义符
裤衩	库	叉	衤
蝌蚪	科	斗	虫
蘑菇	磨	姑	艹
爆炸	暴	乍	火

三、1. 一/位/在/中国/住/了/好/多/年/的/法国/朋友/教/我。
2. 因为/大/部分/的/蔬菜/都/能/炒。
3. "蒸"/也/是/做/中国/菜/常用/的/方法。
4. 只要/跟/餐厅/里/的/服务员/说/就/可以/了。

阅读训练

(一)

一、1. D 2. A 3. B 4. C
二、略

(二)

一、1. C 2. A 3. B 4. D
二、略

(三)

一、1. √ 2. × 3. √ 4. √ 5. × 6. √
二、略

(四)

略

(五)

一、1. A 2. B 3. C

235

二、略

补充阅读

1. 那一天是暑假结束的前一天。因为要上学了。

2. "我"去京桥的书店为大姐买西文书籍,可是书店没有开门,使"我"很心烦。"我"只好等下午再来,便回了家。

3. "我"的邻居是开养猪场的。

4. 牛吵得"我"一夜也没睡好,"我"觉得很生气。

5. 先是听到轰隆隆的声音,然后电线杆猛烈地摇了起来,当铺也在猛烈地摇。

课文　保护环境

一、1. √　2. √　3. √　4. ×　5. √　6. √　7. ×　8. ×

二、略

技能　简称

一、略

二、北大医学院　上海五中　中美友好协会　奥运会　体检
　　两个文明　印尼　加州　师生　关爱

三、联合式:保护、错误、破坏、生产、需要、节约、使用、美丽
　　偏正式:塑料、制品、电池、长期、餐具、废气、汽车、摩托车

四、略

五、略

阅读训练

(一)

一、1. 因为儿子要扔掉他的扇子。
　　2. 儿子觉得爸爸怕花钱。
　　3. 扇子能给他一些美好的回忆。
　　4. 略

(二)

一、1. A　2. A　3. C　4. D　5. A　6. D
二、略

(三)

一、1. 缺水国　2. 节约　3. 饮用　4. 冲　5. 收集　6. 意识
二、略

(四)

一、1. B　2. A　3. D　4. D　5. A　6. B
二、略

补充阅读

1. 泼水节的早上,人们把一座有名的佛像从帕辛寺里请出来,然后为佛像淋上第一碗水,泼水节才正式开始。

2. 清迈人开着皮卡车,一人开车,别的人站在皮卡车上,在路上见到人就泼水。要是遇到别的皮卡车,大家就互相泼水。

3. 清迈人泼的水是古城护城河里的水,泼水时要在桶里放上冰块儿。

课文　业余生活

一、1. C　2. D　3. B　4. B　5. A

二、略

技能　词语互释（1）
略

阅读训练

（一）

一、1. B　2. A　3. B　4. C

二、略

（二）

一、1. 高考　　　　　　　A. 师范大学附属中学
　　2. 师大附中　　　　　B. 高血脂、高血压、高血糖
　　3. 三高　　　　　　　C. 学校运动会
　　4. 校运会　　　　　　D. 高等学校入学考试

二、1. ✗　2. ✓　3. ✗　4. ✗

（三）

1. 3　2. 作文　3. 12　4. 16　5. 本地的名胜古迹
6. 喝早茶

（四）

一、1. B　2. C　3. D

二、略

补充阅读

1. 画家住在农夫的家里，每天吃过早饭就出去画画儿，傍晚时回到农夫家，吃完饭后就去睡觉。

2. 因为他住在农夫家，还在农夫家吃饭，作为报酬，他想付钱给农夫。

3. 因为他的儿子想当画家，但画家的画儿很丑，儿子看完就会不想当画家了。

课文　您好！王处长

一、略

二、1. 校长　　2. 行长　　3. 主任　　4. 所长
　　5. 台长　　6. 局长　　7. 主任　　8. 董事长
　　9. 社长　　10. 站长　　11. 主任　　12. 主任

三、李市长 > 刘副市长 > 周局长 > 孙副局长 > 钱处长 > 张副处长 > 马科长 > 朱副科长

技能　词语互释（2）

一、略

二、1. 温暖　2. 坏　3. 开慢车　4. 往低处　5. 容易　6. 饿

阅读训练

（一）

一、1. A　2. D　3. C　4. D　5. A

二、略

（二）

一、1. B　2. A　3. D　4. D　5. C

二、略

（三）

一、1. C　2. A　3. A　4. C

239

二、略

（四）

一、1. B 2. B 3. A 4. D 5. C

二、略

补充阅读

1. 我对北平的爱是想说而说不出的。

2. 因为它处处有空儿，可以使人自由的呼吸；建筑的四周都有空闲的地方，使它们成为美景。

3. 因为北平能有好多自己生产的花、菜、水果。

第九课

课文 中医和西医

一、1. A 2. D 3. B 4. B 5. D

二、略

技能 根据上下文猜词（1）

一、1. A 2. C 3. A 4. D 5. A 6. B 7. A 8. C

二、1. 水果 2. 针剂 3. 药 4. 饭店 5. 一道菜 6. 一首诗
   7. 饮料 8. 自行车 9. 烹饪方法 10. 衣服

三、1. 因为/中药/里边/的/东西/太/奇怪/了。

2. 中医/和/西医/都/有/自己/的/特点。

3. 不/知道/应该/看/西医/还是/看/中医。

阅读训练

（一）

一、1. 爸爸是医生。

2. 儿子觉得他比爸爸厉害。

3. 因为儿子治好了史密斯太太的病。

4. 儿子觉得很吃惊，不知道自己做得对还是错。

二、略

（二）

一、1. A　2. C　3. C　4. A

二、略

（三）

一、1. D　2. A　3. B　4. A　5. C

二、略

（四）

一、1. D　2. A　3. C

二、略

补充阅读

一、1. 床头　2. 黄色　3. 四　4. 杯子；茶壶　5. 方凳；生锈

二、略

课文　做买卖

一、1. 丝绸之路　2. 2.27万亿　3. 1.5万亿

　　4. 质量　5. 生产　6. 中国制造

二、略

技能　根据上下文猜词（2）

一、1. A　2. B　3. B　4. D　5. A　6. D　7. B　8. A　9. B　10. D

二、1. 有钱　2. 盲人/看不见东西的人　3. 不喜欢费体力或脑力
　　4. 不同种族父母的子女　5. 没有钱　6. 价格很高　7. 食物名
　　8. 书名　9. 身体部位　10. 被沾上有害物质

三、1. 聪明　2. 下　3. 有　4. 闭　5. 有　6. 西　7. 后　8. 北

阅读训练

（一）

一、1. B　2. D　3. B　4. B　5. A　6. D

二、略

（二）

一、1. ✗　2. ✓　3. ✓

二、略

（三）

1. C　2. B　3. D　4. D

（四）

一、1. B　2. C

二、略

（五）

一、1. D　2. C　3. A　4. D

二、略

补充阅读

1. 22　2. 35　3. 墨西哥　4. 三分之二　5. 五分之一

课文　你的性格怎么样

一、1. A　2. A　3. D　4. B　5. C　6. B

二、略

技能　找出句子的主要部分（1）

一、1. 那个人是老师　2. 我买书　3. 他复习"把"字句　4. 开关坏了
5. 孩子找到地方　6. 妈妈唱歌　7. 马路上停汽车　8. 书好
9. 注意男人　10. 地方修桥

二、1. 路人　2. 穿　3. 书　4. 问题　5. 走　6. 书　7. 图书馆
8. 练习　9. 警察　10. 买

三、1. 照顾　2. 南方　3. 玩儿　4. 工人　5. 准备　6. 电脑
7. 习惯　8. 喝　9. 火车　10. 饭店

阅读训练

（一）

一、1. D　2. C　3. A　4. B

二、略

（二）

略

（三）

一、1. B　2. D　3. D　4. C

二、略

（四）

一、1. C　2. A　3. B　4. D

二、略

补充阅读

1. √　2. ×　3. ×　4. √　5. √　6. ×　7. √

第十二课

课文　自己找工作

一、1. D　2. C　3. B　4. D　5. D　6. D

二、略

技能　找出句子的主要部分（2）

一、1. 医生走出来　2. 妈妈去北京　3. 他查汉字　4. 水果叫杨桃
　　5. 我们举行晚会　6. 孩子发烧　7. 她说话　8. 同学买汽车
　　9. 麻婆豆腐好吃　10. 山村修路

二、1. 认真　学过的　2. 我的　一辆　3. 这部　4. 最近　一本
　　5. 早上　一个　6. 昨天　学校的　7. 拿着玩具开心地
　　8. 那座　各种各样的　9. 开车的　一个有意思的　10. 慢慢地　手里的

三、1. C　2. B　3. A　4. A　5. D　6. C　7. A　8. A　9. D　10. B

四、1. 下来　2. 太快；慢一点儿　3. 不见；见　4. 一点儿/一斤
　　5. 六个小时/很长时间；死/极　6. 完　7. 出来　8. 高　9. 到
　　10. 很干净

五、1. 他参观了一家
　　2. 他昨天参观了一家
　　3. 他昨天去广州参观了一家
　　4. 他昨天去广州参观了一家电子
　　5. 他昨天去广州参观了一家大型电子

阅读训练

（一）

1．D 2．A 3．C

（二）

1．知识；经验 2．包装；推销；商品 3．缺少；高薪职位

（三）

一、1．B 2．B 3．D 4．B 5．C

二、略

（四）

一、1．√ 2．× 3．× 4．√ 5．√
6．× 7．√ 8．√ 9．√ 10．×

二、略

补充阅读

略

课文 回到学校

一、1．√ 2．× 3．√ 4．× 5．× 6．√ 7．√ 8．×

二、略

技能 找出句子的主要部分（3）

一、1．他比我们早知道这件事

2．我的电脑有点儿问题

3．春节时中国人有很多庆祝活动

4. 我现在知道自己错了，我以后会做好的

5. 年轻的时候不好好学习，长大了就后悔

6. 常见的汉字字体有五种

7. 我很喜欢这个房间

8. 花园里种着很多漂亮的花

9. 这冰箱我很满意

10. 老师们都喜欢这个韩国姑娘

二、1. 好　2. 到处　3. 句子成分　4. 丰富　5. 毛病　6. 汽车

阅读训练

（一）

一、1. 援建

2. 网络智能化装备

3. 电脑　天文　自然　博物馆　动物园

二、略

（二）

一、1. C　2. A　3. C　4. A　5. D

二、略

（三）

一、1. ×　2. ×　3. ×　4. √　5. ×　6. √

二、略

（四）

一、1. A　2. D　3. C　4. D　5. D　6. D　7. A　8. B

二、略

补充阅读

略

第十四课

课文　旅行要注意什么

1. ✕　2. ✓　3. ✕　4. ✓　5. ✓　6. ✓　7. ✓　8. ✕

技能　关联词语

一、略

二、1. F　2. E　3. B　4. J　5. A　6. H　7. D　8. I　9. G　10. C

阅读训练

（一）

A. 1. 230（3–11月）；150（其余时间）　2. 40　3. 120　4. 100
　　5. 180（4–10月）；135（其余时间）　6. 100　7. 121　8. 90

B. 1. 福建　2. 海南　3. 草原　4. 栈桥

C. 1. 四川　2. 宁夏　3. 贵州　4. 江西

（二）

一、1. B　2. A　3. D　4. B　5. C

二、略

（三）

一、1. D　2. C　3. C　4. B

二、略

（四）

一、1. C　2. C　3. D　4. A　5. B

二、略

补充阅读

略

课文 南甜北咸东酸西辣

1. F 2. G 3. D 4. B 5. H 6. C 7. E 8. A

技能 找出主要的词

一、1.汽油 2.减肥 3.考试

二、1. A 2. D 3. B 4. D 5. C 6. B

阅读训练

（一）

1.吃力 2.吃不开 3.吃香 4.吃不消 5.吃醋

（二）

一、1. A 2. C 3. B 4. D

二、略

（三）

一、略

二、1.材料的名字和做菜的方法

　　2.代表美好的希望

　　3.根据故事、传说

　　4.材料的名字

　　5.根据故事、传说

　　6.代表美好的希望

7. 根据食物的样子想象

8. 根据食物的样子想象

（四）

一、1. D　2. C　3. A　4. D　5. A

二、略

补充阅读

略

课文　保护野生大象

一、1. ✗　2. ✓　3. ✗　4. ✗　5. ✓　6. ✗　7. ✓

二、略

技能　汉语的格式

一、1. B　2. A　3. A　4. B

二、1. 富　2. 深山

三、1. 牛头——马嘴　答非所问

2. 前——后　狼——虎　胆小怕事，顾虑太多。

3. 眉——眼　高兴，愉快的样子。

4. 朝——暮　常常变卦，反复无常。

5. 心——气　平——和　心情平静，态度温和。

6. 国——民　泰——安　国家太平，人民安乐。

7. 心——意　又想这样，又想那样。不安心，不专一。

8. 番——次　多次，一再。

9. 血——肉　比喻富有生命的活力。

10. 眼——珠　比喻看不见某人或某事物的重要或伟大。

四、1. 语　　2. 小　　3. 天　　4. 轻　　5. 水
　　6. 前　　7. 水　　8. 冷　　9. 海　　10. 无

五、1. A　2. D　3. C　4. B

阅读训练

（一）

一、1. C　2. B　3. B　4. D　5. C　6. D　7. A

二、略

（二）

1. 73亿个　2. 600吨　3. 100亿吨　4. 30%-60%
5. 800-1000万吨　6. 16.4%　7. 35%　8. 50%

（三）

一、1. D　2. D　3. D　4. B　5. C　6. C

二、略

（四）

一、1. C　2. A　3. D　4. C　5. D　6. B

二、略

补充阅读

略

第十七课

课文　快乐地生活

一、1. 忧愁　2. 战争　3. 乐观　4. 积极

二、1. A　2. D　3. B　4. B

技能　找结论

一、1. 你先让我休息一下吧！

2. 面膜是护理皮肤最好最方便的方法。

3. 他太奇怪了。

4. 这个活动很受年轻人的欢迎。

5. 他的运气太差了。

二、1. 桂林是城市

2. 李先生买平板电脑

3. 王老师散步

4. 李芳毕业

5. 玛丽学习汉语

6. 张老师写了《中国古代笑话》

三、1. 小王　2. 小王明天要　3. 小王明天要和同学

4. 小王明天要和其他班的同学

5. 小王明天要和其他班的同学坐公交车

6. 小王明天要和其他班的同学坐校门外的公交车

阅读训练

（一）

略

（二）

一、1. B　2. A　3. A　4. C　5. C

251

二、略

（三）

一、1. ✗　2. ✓　3. ✓　4. ✗　5. ✗　6. ✗

二、略

（四）

一、1. D　2. C　3. A　4. B　5. D

二、略

补充阅读

略

第十八课

课文　人民政府

一、1. D　2. C　3. B　4. C　5. A

技能　总结文章主要内容和主要观点

1. 主要内容：中国是自行车的王国。

   主要观点：自行车在中国和西方很不一样。

2. 主要内容：孙中山先生眼中中国人的饮食习惯。

   主要观点：孙中山先生认为中国人的饮食习惯是正确的。

3. 主要内容：1949年的时候很多作家在北京买四合院。

   主要观点：北京的四合院是最舒服的房子。

4. 主要内容：电影《乔布斯》的故事内容。

阅读训练

（一）

1. A 2. D 3. C 4. D 5. B

（二）

1. 码头 2. 监狱 3. 关押 4. 博物馆 5. 牢房 6. 围墙
7. 蔬菜 8. 管理 9. 体会 自由 10. 历史 人格

（三）

1.（3） 2.（11） 3.（14） 4.（13） 5.（6）
6.（12） 7.（1） 8.（16） 9.（9） 10.（10）

（四）

一、1. C 2. B 3. A 4. A 5. C

二、略

补充阅读

1. √ 2. × 3. √ 4. √ 5. × 6. √

253

生词总表

A

| 爱好 | （名） | àihào | 1 |

B

保管	（动）	bǎoguǎn	14
保护	（动）	bǎohù	6
保险	（名）	bǎoxiǎn	16
办学		bàn xué	13
悲观	（形）	bēiguān	17
博士	（名）	bóshì	3

C

菜单	（名）	càidān	5
产品	（名）	chǎnpǐn	10
炒	（动）	chǎo	5
诚实	（形）	chéngshí	1
充分	（形）	chōngfèn	7
出口		chū kǒu	10
创业		chuàng yè	12
辍学		chuò xué	13
辞退	（动）	cítuì	12
脆	（形）	cuì	15
村民委员会		cūnmín wěiyuánhuì	18

D

淡	（形）	dàn	15
导游	（名）	dǎoyóu	4
当地	（名）	dāngdì	4
点	（动）	diǎn	5
订票		dìng piào	4
董事长	（名）	dǒngshìzhǎng	8

F

发起	（动）	fāqǐ	13
法律	（名）	fǎlǜ	14
放松	（动）	fàngsōng	7
废气	（名）	fèiqì	6
副	（属性）	fù	8

G

改善	（动）	gǎishàn	13
个体户	（名）	gètǐhù	12
公务员	（名）	gōngwùyuán	2
国企	（名）	guóyè	12

H

| 红烧 | （动） | hóngshāo | 5 |

| 户籍 | （名） | hùjí | 18 |
| 回收 | （动） | huíshōu | 6 |

J

机电	（名）	jīdiàn	10
机构	（名）	jīgòu	18
机会	（名）	jīhuì	3
急性病	（名）	jíxìngbìng	9
急躁	（形）	jízào	11
酱油	（名）	jiàngyóu	5
街道办事处		jiēdào bànshìchù	18
节约	（动）	jiéyuē	6
解决	（动）	jiějué	4
尽量	（副）	jǐnliàng	7
尽情	（副）	jìnqíng	7
京籍	（属性）	jīngjí	18
景点	（名）	jǐngdiǎn	4
竞争	（动）	jìngzhēng	12
局	（名）	jú	8
捐款	（动/名）	juānkuǎn/juānkuǎn	13

K

卡车	（名）	kǎchē	2
科室	（名）	kēshì	18
开朗	（形）	kāilǎng	1
口味	（名）	kǒuwèi	15

L

浪费	（动）	làngfèi	6
乐观	（形）	lèguān	17
领导	（名）	lǐngdǎo	8
流动人口		liúdòng rénkǒu	18
律师	（名）	lǜshī	2
旅行团	（名）	lǚxíngtuán	4

M

麻辣	（属性）	málà	15
满足	（动）	mǎnzú	17
慢性病	（名）	mànxìngbìng	9
贸易	（名）	màoyì	10

N

内向	（形）	nèixiàng	1
嫩	（形）	nèn	15
腻	（形）	nì	15
浓	（形）	nóng	5

P

赔偿	（动）	péicháng	16
脾气	（名）	píqi	1
贫困	（形）	pínkùn	13
平方千米	（量）	píngfāng qiānmǐ	18
平衡	（形）	pínghéng	13
破坏	（动）	pòhuài	6

Q

| 企业 | （名） | qǐyè | 12 |

R

| 忍耐 | （动） | rěnnài | 11 |

S

森林	（名）	sēnlín	16
伤	（名）	shāng	14
社区居委会		shèqū jūwěihuì	18
事业单位		shìyè dānwèi	12
书记	（名）	shūjì	8
硕士	（名）	shuòshì	3
酸辣	（属性）	suānlà	15
酸甜	（属性）	suāntián	15

T

坦率	（形）	tǎnshuài	11
糖醋	（属性）	tángcù	15
体面	（形）	tǐmiàn	2
铁饭碗	（名）	tiěfànwǎn	12

W

外籍	（属性）	wàijí	18
外企	（名）	wàiqǐ	12
外向	（形）	wàixiàng	1
文盲	（名）	wénmáng	13
文物古迹		wénwù gǔjì	14

| 污染 | （动） | wūrǎn | 6 |

X

西医	（名）	xīyī	9
鲜	（形）	xiān	15
香辣	（属性）	xiānglà	15
乡镇人民政府		Xiāngzhèn Rénmín Zhèngfǔ	18
享受	（动）	xiǎngshòu	7
小偷儿	（名）	xiǎotōur	14
信仰	（名）	xìnyǎng	14
行程	（名）	xíngchéng	4
性格	（名）	xìnggé	1
学历	（名）	xuélì	2
血型	（名）	xuèxíng	11

Y

严肃	（形）	yánsù	11
野生动物		yěshēng dòngwù	16
业余	（形）	yèyú	7
幽默	（形）	yōumò	1
一帆风顺	（成语）	yì fān fēng shùn	17
毅力	（名）	yìlì	11
意义	（名）	yìyì	4

Z

| 责任 | （名） | zérèn | 6 |
| 炸 | （动） | zhá | 5 |

宅男	（名）	zháinán	7	重点	（名）	zhòngdiǎn	16
肇事	（动）	zhàoshì	16	煮	（动）	zhǔ	5
蒸	（动）	zhēng	5	资源	（名）	zīyuán	6
挣钱		zhèng qián	3	宗教	（名）	zōngjiào	14
知足常乐	（成语）	zhī zú cháng lè	17	总额	（名）	zǒng'é	10
职务	（名）	zhíwù	8	总经理	（名）	zǒngjīnglǐ	8
治	（动）	zhì	9	遵守	（动）	zūnshǒu	14
制造	（动）	zhìzào	10	尊重	（动）	zūnzhòng	14
中医	（名）	zhōngyī	9				

专有名词

B
| 巴西 | Bāxī | 7 |
| 比尔·盖茨 | Bǐ'ěr Gàicí | 3 |

N
| 南美洲 | Nán Měizhōu | 7 |

P
| 苹果公司 | Píngguǒ Gōngsī | 3 |

Q
| 乔布斯 | Qiáobùsī | 3 |

R
| 人民政府 | Rénmín Zhèngfǔ | 18 |

S
| 丝绸之路 | Sīchóu Zhī Lù | 10 |

T
| 团中央 | Tuán Zhōngyāng | 13 |

W
| 微软 | Wēiruǎn | 3 |

X
西城区	Xīchéng Qū	18
西长安街	Xī Cháng'ān Jiē	18
希望工程	Xīwàng Gōngchéng	13

Z
| 中国共产党 | Zhōngguó Gòngchǎndǎng | 8 |